Deleuze & Guattari for Architects

Andrew Ballantyne

思想家と建築
ドゥルーズ&ガタリ

◆

田中　明
田中睦月　訳

丸善出版

Deleuze & Guattari for Architects

by

Andrew Ballantyne

ピーターとジョアンナ、そしてペネロペ・クラインへ

謝辞 *Acknowledgements*

私を励ましてくれた方々、また本の執筆に没頭する間、辛抱づよく待ちつづけてくれた方々に感謝する。ニューカッスル大学テクトニック・カルチャー・リサーチ・グループの同僚たち、エミリー・アプター、ダナ・アーノルド、スティーブ・バッソン、エド・ディメンバーグ、ジャン・ヒリアー、ニール・リーチ、ジェラルド・ラフリン、エリン・マニング、ブライアン・マスミ、サリー・ジェーン・ノーマン、ジョン・ポール・リッコ、アンとジョーゼフ・リクワート、アダム・シャール、クリス・スミス、そしてアンソニー・ヴィドラーに感謝する。

一九八二年のロンドンで、ピーター・クラインがドゥルーズ＝ガタリの書物を私に引き合わせてくれた。そのときわれわれは書店にいたが、そこに米国版『アンチ・オイディプス』の初版本が積み上げられていた。彼はそれに驚き、私に薦めてくれた。本は安値だったが、衝動買いとしては高い値段に感じたものだ。

「これは良い本なのですか？」と私は彼に尋ねてみた。
「何て言えばいいかな、人生が変わったよ」と、彼は言っていた。
二〇〇七年一月一日フランス、アスカンにて

アンドリュー・バランタイン

目　次●思想家と建築――ドゥルーズ&ガタリ

第1章　彼らとは誰なのか？　*Who?*

●もはやわれわれではない

ジル・ドゥルーズ（Gilles Deleuze）とフェリックス・ガタリ（Félix Guattari）はいくつかの著作で共働し、個々ではさらに多くの仕事を行った。彼らの最もよく知られている共著は『資本主義と分裂症』であり、それは第一巻の『アンチ・オイディプス』（一九七二年）と第二巻である『千のプラトー』（一九八〇年）の二冊からなっている。ドゥルーズ（1925–1995）は哲学の専門家であり、一方のガタリ（1930–1992）は精神科医で政治活動家でもあった。彼らの共著を一読すると、各々の語り口は区別ができず、まるで二人の文章が混ざり合っているかのように見える。しかしときに彼らの言葉使い《レジスター》は文中で変化することがあり、その際には一時的に架空の「ペルソナ」が登場し、話題が独特な観点から語られる印象を与える。しかもそうした観点は読者にとってあまりにも風変りなものに感じられることさえあるだろう。なぜならそれらは分子であったり、映画ファン、あるいは魔法使いであったりするように、かなり独特な観点だからだ。

「われわれは『アンチ・オイディプス』を二人で書いた」、けれども「二人それぞれが数人であったから、それだけでもう多数の人物で書いたことになる」(Deleuze and Guattari, 1980, p. 3〔邦訳書、上一五頁〕)と、彼らは自分たちについて述べている。いうなれば、彼ら二人の個人的アイデンティティというものは、認知されるとすぐに否定されたり、書き換えられてしまうものである。そうしたあまりの捉えどころのなさゆえに、読者は彼らについてこう思わざるを得ない。いったい彼らとは何者なのだろうか? 言い換えるならば、人は彼らのことをどう言い表すことができるだろうか? さらにより重要なこととして、なぜわれわれは彼らを知りたいと思うのか? またもしどこかの時点で彼らのことを理解できたと感じたならば、その根拠とはいったいどのようなものなのか?

彼らが自ら言うように、そのアイデンティティに対する目的とは「人がもはや私と言わない地点に到達することではなく、私と言うか言わないかが、もはや全く重要でない地点に到達すること」だった。つまり「彼らは誰なのか?」などという問いは、容易に解ける問題ではないだろう。二人が長らく共同で仕事を続けてきたことについて、彼らは「習慣から、単に習慣からだ」と述べている。しかし最終的には人を惑わすように「われわれはもはや、われわれ自身ではない」と彼らは自らを結論づける。すなわち他人が彼らをどのように言い表したとしても、結局それは彼らのことではないと言っているわけである。この『千のプラトー』冒頭の記述は、簡潔ではあるが、われわれの思考における常識的な習慣に対する断固とした挑戦だろう。

彼らの思考に見られるこうした傾向は、主に二つの要因に由来すると思われる。それはガタリが日常的に精神病患者と接していたという事実と、ドゥルーズの持つ哲学的な気質である。彼らは厳密に論理を探求し、常識に縛られた思い込みを捨てることに使命を持っていた。なぜならそうした思い込みは、考察の過程において論理を逸脱させてしまうからである。

しかし一方で常識というものは、多くの場合われわれの生活において何らかの役割を持つものだ。実際にドゥルーズとガタリは著書に自らの名前を掲げているが、このことからもそうした常識を自覚していることがうかがえる。すなわち「みんなと同じようにお喋りをし、太陽が昇る、などと言い合うことは楽しいからだ、みんなもそんなのは話の糸口に過ぎないと承知しているはずだ」と彼らが述べるところである（ibid., p. 3〔前掲書、上一五頁〕）。

当然太陽は「昇る」ものだろう。夜が明ける時、東にはるか地平線を臨む場所を訪ねれば、それを自らの目で見ることだってできる。しかし地球の方が太陽の周りを回っていることをわれわれは知っているから、「太陽が昇る」などという表現は安易であり、陳腐で、通俗的な言い回しかもしれない。だがそれにもかかわらず多くの場合、これがもっとも当たり障りのない表現だ。

もし「太陽が昇る」ことについて、日常会話で他の言い回しをしたならば、どこか教養をひけらかしているように聞こえることになる。仮に自転する地球、すなわち「宇宙船地球号」から純粋な目で太陽を眺めることができたなら、太陽が静止しつづける姿に感動することもあり得るだろう。しかしおそらくそれは想像という個人的活動においてのみ行うべきことであり、もし私がバスを待つ間に、たとえその考えが浮かんだとしても、それを列の隣人に伝えるべきではない。太陽が昇ることに関して、私は常識的な見解を述べるだろうし、仮に見知らぬ相手が突然「宇宙船地球号」について語り始めたら、おそらく恐怖を感じつつ、その話に頷くふりをするだろう。

●キャラクターを定義する問い

ドゥルーズとガタリが誰であるかを述べるにあたり、まずは「何がキャラクターを定義するのか？」という彼らの問いについて考えることから始めよう。世界中の読者にとって、二人の業績は物事の概念化における新しい方法を示したことだった。すなわち人が誰であるかを言い表すには、多くの方法があるというものだ。

たとえばジョン・ベレント（John Berendt）は、ジョージア州サヴァナを舞台とする小説『真夜中のサヴァナ』において、そのことをとても簡潔に述べている。サヴァナに住むある知人によると、同じジョージア州であるにもかかわらず「アトランタに行ってまず聞かれるのは、〝ご商売はなんですか？〟って質問なの。メイコンでは、〝どちらの教会に通ってますか？〟って聞かれて、オーガスタでは、お祖母さんの旧姓を聞かれるの。ところがサヴァナでまっさきに聞かれるのは、〝なにをお飲みになりますか？〟だっていうの」（Berendt, 1994, pp. 30-31〔邦訳書、五一頁〕）。要するにこうした問いへの返答こそが、ここではアイデンティティを定義するものになっている。もしオーガスタにおいて私の祖母が知られた人物でなければ、私は何者でもないことになってしまうだろう。店で買い物をしたりレストランで食事をしたりすることは可能だが、その社会の一部として自身を十分に確立することは、もし自分に孫がいれば可能かもしれないが、おそらくはできないことである。

さらにまたもし私がアトランタで自分の職業を明かさなければ、（たとえ祖母がそこで生まれていたとしても）私はここにおいてさえ何者でもないことになる。すなわち同じジョージア州であっても物事がはっきりと定義されないがため、こうしたルールが残り続けてきた。

しかし一方で、そうした問いへの返答は、実はたいした問題ではないかもしれない。むしろ重要なポイントは、問いそれ自体が、問われた場所のアイデンティティを定義していることである。つまりアトランタという街は成金《ヌーヴォーリッシュ》的な特性をもち、オーガスタはスノッブ的で、サヴァナは享楽主義的であるといったように、われわれはその地域の特性から相手を判断するだろう。こうしたものもアイデンティティの与えられ方であって、もしそのアイデンティティが認知されない場合、われわれは人々の視界から消え失せてしまうことになる。

さらに言えば、アイデンティティを定義する問いの違いは、なにも場所や時代の相違によるものだけではない。たとえば家系のようなものは、世襲の称号や役職のある貴族社会においてアイデンティティを定義するものである。もちろんいまでも王族や貴族においてそうした家系は続いているが、かつてはベルサイユ宮殿における司書の地位でさえ世襲であった。そしてさらにより低い社会階層においても、それほど制度的ではなかったにせよ、類似した習慣がしばしば残っていた。たとえば靴職人や指物師の技術を学ぶのに最も良い立場にいるのは、工房へ自由に出入りし、父である親方の信頼を得ている息子だろう。それは何世代も変化のない安定した社会において、イデオロギーとしてではなく、より実利的な理由によっている。熟練した職人の息子というものは、父から仕事を受け継ぐ可能性が最も高い人物である。だからこそ家系というものは重要であり、アイデンティティを定義するもののひとつとして考えるべきだろう。

もっとも二一世紀に入ると、そのわずか五十年前よりも、より多くの空間的かつ社会的な流動があったため、個人の家系をたどることはかつてないほどに関心が持たれている。人が自分の祖先について何かを発見したときなどは、どこか自分自身について学んだように感じるものだ。生まれ育った場所を完全に離れ、身内さえ知らない土地で、たとえ理解できないような仕事に就いていたにせよ、個人の家系図というものは家族の間で繰り返し語られるものだろう。

国際的な企業を経営し、オフィスで何百人もの従業員を抱えるひとりの女性は、その親族の集まりにおいては誰かの娘、もしくは誰かの叔母として再記述され、その場における彼女のアイデンティティとなる。どちらのアイデンティティも嘘ではないのだ。彼女はそれら両方のアイデンティティにおいて役割を演じる術を知っていることだろう。つまり誰が誰であるかを定義する方法にはさまざまなものがあり、その方法はあらゆる環境や機会によってその都度決定されるものである。

しかしたとえばジル・ドゥルーズがファニーの夫であり、ジュリアンとエミリーの父親であることは間違いないが、それが果たして何を意味するというのだろうか。それについて述べることは、あまりにもゴシップ話のように思えてしまう。他にもドゥルーズは、テニスが上手で車の運転が下手であったということは正しいだろう。しかしいま彼とテニスをしたり、彼の車に乗ることを断ったりする立場にいないわれわれにとって、こうした些細なことは重要ではないはずだ。

もしある人物の伝記を著す場合、その対象の極めて私的な状況、ときにはその悪行にさえ着目すれば、人はまるでそこにこそ、その人物の真の姿があると捉えがちである。すなわち公的なアイデンティティがすべて抜け落ちたときにこそ、あたかもそこにずっと秘められてきた真実の、最も内面的なアイデンティティがあるように考えてしまうだろう。しかしドゥルーズ＝ガタリはその考え方を拒絶する。なぜなら他者との関係を通じて成立するという点において、アイデンティティとはつねに政治的なものだからである。それは完全に内面的なものというわけでなく、外面的な側面をも有するものだ。われわれにとって、まずは一時的なアイデンティティこそが、われわれが持つすべてのアイデンティティなのだ。そしてわれわれが身を置くポイント次第で、状況に応じたひとつの（もしくは複数の）関連するアイデンティティが確立されてゆく。そのように人がドゥルーズの哲学を読むならば、彼がどれほど上手く車を運転したか、もしくはどれほど自分の爪を気にしていたか、など問題にはならないだろう[1]。

ドゥルーズとガタリが誰であったかを説明する際に、彼らの根底にある本質などというものを概説することでは、話を先に進められない。ここですべきことは、彼らが行ったアイデンティティについての問題提起を明らかにすることである。そしてもし彼らをいまあらためて「定義する」ならば、彼らとはそのような問題提起を行った人物であったということになる。この事実こそがわれわれの目的に適う彼らのアイデンティティといえるだろう。この本における関心事とは、彼らの思考と著作についてのことである。つまり彼らのアイデンティティとは著述家としてであり、哲学者としてであるから、本書において彼らの著述と概念を見ていけば、それは自ずと明らかになるはずだ。

彼らにとって著述や概念は、決してそれを生み出すこと自体が目的だったわけではない。それらは故意に実験的であることから、生活を行ううえで人生をより良くさせる新たな可能性を見出すことが、彼らの目的だったといえる。これは建物のデザインを、新たな生活スタイルをつくり出す実験として捉えるタイプの建築家と同様の態度だろう。一方でそうしたタイプとは考え方が異なる建築家や思想家たちにとっては、ドゥルーズ＝ガタリの著作は魅力がないものに思われるかもしれない。しかしドゥルーズ＝ガタリの思想は、理解するのに多少の時間がかかったにせよ、生活を豊かにすることに喜びを見出す建築家たちにとって、いずれ大きな意義を持つことになる。

●逃走線

本当に重要なことを書き留める際に直面する問題は、そのことを経験する精神状態に身を置く必要がある一方で、それとは全く異なる精神状態において、経験を何らかの言葉で表現しなければならないことだ。たとえば美的経験の場合、それが文学であれ建築であれ何であろうとも、芸術作品に感動したときの興奮を、単なる事実の記述によって再現することは難しい。おそらく美的経験というものは不意に出くわしたときに最もつよく印象づけられるため、何ら予備知識を持たない人ほど、その出会ったものへの崇高さに圧倒されることとだろう。同様にもし誰かの住居を訪れた際に、そこで生活をより良くするヒントをたったひとつでも見出すことができたなら、たとえその家で他に見るべきものがなかったにせよ、そこを素晴らしい家だと思えることになる。

しかしながら建築的な感動を得るために何千マイルもの旅に出た場合には、それ相応のものや、より正確にいえば全く新しい何かを見出せなければ失望をしてしまう。言い換えれば、私は足もとの大地が揺れ動くような感動を得たいのだ。あるいは天上の景色が開かれていくような、もしくは自身を取り巻く宇宙が再編していくような、そういう感覚を求めている。そういった具合に、歴史のふちに立ったときの〈大洋感情〉、少なくとも〈目眩〉、あるいは日常における手近なものの背後に潜む〈地平〉に突然気づかされるような経験が欲しいのだ。しかしもし、崇高なものとの出会いに自分がどれほど圧倒されたにせよ、それを言葉にするのみでは相手に共感されることはないだろう。つまりそのときの感覚を想起させるような、何か別の表現を用いなければ、相手にはうまく伝わらないものである。

たとえ人がある建物に感激したとしても、他の誰かを同じ場所へ連れて行き、皆が同じことを感じるという保証はない。同様に人の感じ方というものが、ここは高さ三メートルで厚さ八〇センチの壁、そこにはネオプレンで留められたガラスパネル、などといった建設指示書に記載されるようなことではないことも明らかだ。なぜなら指示書というものには人を魅了する魔力がないからである。しかし文学における言葉も、物事の記述という点では指示書と本来同じだが、ここで問題にする感じ方の効果については全く異なる言葉遣い《レジスター》で生み出されることがある。

たとえばスコット・フィッツジェラルド（Scott Fitzgerald）の文体は知的かつ生き生きとしたものであったが、彼が大作家と言われる要因は別にある。事実それは（酒と欲に溺れた）上流階級の描写において、ときには見事な言い回しで、ときには人物の振る舞いを詳細に描くことで、その内面にある虚無の感覚が表現されている。それはギリシア悲劇にも匹敵するほどに物事の本質を捉えた物語なのである。高級車や豪華な衣装もすぐに物語の添え物になり、うわべだけが豪奢な主人公の生活に、叙事詩的な壮大さが徐々に吹き込まれていく。

ここで示されるいわゆる「恍惚感」や「高揚感」といった気分の良い経験は、ドゥルーズ＝ガタリの言葉を用いれば「逃走線」によって生み出されたものだ。すなわち芸術作品と言われるものは、逃走線を生じさせるのである。もっとも、温かい風呂に入ることも同様に、気分の良い経験に違いはない。しかし通常それらは芸術作品によるものとは異なって、むしろ単なる快適さとして経験されるものだろう。とはいうものの、多くの絵画や映画、小説などに接することはこうした温かい風呂に入るようなものであり、逆境や情熱などといった逃走線の感覚よりも、むしろ穏やかな幸福感を生み出してくれる。もちろん人の人生においてこうした穏やかな経験にも意味があるから、本書がそれらを全否定して、もっぱら偉大な芸術や、目を覚ます冷たいシャワーにのみ生きるよう勧めているわけではない。崇高さの上位に快適さを求めることは凡人の常であるだろう。しかし逆に躁病やアルコール依存症、拒食症などを患うことが、禁欲生活を送る、確かな意志を持った芸術家の常でさえあるのだが（Deleuze and Parnet, 1977, pp. 50–51［邦訳書、九四〜五頁］）。

逃走は一種の錯乱である。錯乱するとは、まさに（「馬鹿なことをいう」等のように）レールから脱線することなのだ。逃走線には、悪魔的な、あるいは悪霊的な何かがある。そして悪魔たちは神々から区別される。なぜなら、神々は諸々の固定的な属性、所有、機能をもっており、諸々の領土と諸々のコードを持っているからである。つまり神々はレール、境界標、土地台帳に関わっているというわけだ。一方で悪魔たちに固有なものとは、間隙を跳躍すること、すなわちある間隙から別の間隙へと跳躍することなのである。（ibid., p. 40［前掲書、七三頁］）

ドゥルーズがバールーフ・スピノザ（Baruch Spinoza: 1632–1677）の研究、とりわけ『エチカ』について述べるとき、この雰囲気を生き生きと描写している。『エチカ』は身の危険を恐れて、スピノザの死後に出版されたものである。

スピノザを愛した多くの注釈者が、愛するほどに彼を〈風〉になぞらえて語ってきた。また実際、風以外にたとえようがないのである。だがそれは、哲学者（ヴィクトル）デルボスの語っているような大いなる静かな風だろうか。それとも、およそ哲学者からほど遠いあの「キエフから来た男」、すなわち一カペイカで『エチカ』を買って読み、全体の連関をつかもうなどとはいわない、あの貧しいユダヤ人の語っているような突然の疾風、魔法の風なのだろうか。いや、スピノザとはその両方なのだ。（Deleuze, 1970, p. 130〔邦訳書、一二五〇頁〕）[2]

この「キエフから来た男」とは、バーナード・マラマッド（Bernard Malamud）の小説『修理屋』に登場する架空の人物である。この男はスピノザの『エチカ』についてこう語る。「しばらくたってからぱらぱら読んでみているうちに、急にまるでつむじ風にでも吹かれたようになって、そのまま読みつづけてしまったのです。さっきも申しましたように、私には全部理解できたわけではありません。でも、あんな思想にぶつかったら、誰だって魔女のほうきに乗っかったような気になります。あれを読んでからの私というものは、もうそれまでの私とは同じ人間ではありませんでした……」（Malamud, 1966（Deleuze, 1970, p. 1〔邦訳書、九頁〕に引用）。この記述において、男が襲われたという錯乱した感覚は明らかだろう。スピノザは世界を再記述することで、これまでとは異なる可能性の感覚を喚起させ、ものごとの常識的な秩序を不安定にさせたのである。

さらにドゥルーズは以下のように指摘する。

私たちがスピノジストならば、なにかをその形やもろもろの器官、機能から規定したり、それを実体や主体として規定したりはしないということだ。中世自然学の、または地理学の用語をかりていえば、むしろ経度（longitude）と緯度（latitude）とによって規定するのである。どんな身体でもいい、一個の動物でも音響の身体でも、ひとつの心や観念でも、言語学の資料体でも、ひとつの社会体でも集団でもいい。私たちは、ひとつの身体を構成している微粒子群のあいだに成り立つ速さと遅さ、運動と静止の複合関係の総体を、その身体の〈経度〉と呼ぶ。ここにいう微粒子（群）は、この見地からして、それら自身は形をもたない要素（群）なのである。そして私たちはまた、各時点においてひとつの身体を満たす情動の総体を、その身体の〈緯度〉と呼ぶ。言い換えればそれは、主体化されない無力の力（存在力、触発＝変様能力）がとる強度状態の総体のことである。こうして私たちはひとつの身体の地図をつくりあげるのだ。このような経度と緯度の総体をもって、自然というこの内在の平面《プラン》、結構の平面《プラン》は、たえず変化しつつ、たえずさまざまな個体や集団によって組み直され再構成されながら、かたちづくられているのだ。
(Deleuze, 1970, pp. 127-8［邦訳書、二四五～六頁］)

こうした霧がかったような聞きなれない言葉のなかには、すべてにいきわたる一過性の感覚があり、世界を開かれた可能性の絶え間ない変化とみなすものがある。それは建物の形体を自ら見出そうとする建築家にとって、ドゥルーズ＝ガタリの著作が非常に魅力的なものである所以だろう。ある形体を創造するためには、まず形体がない状態から始めること、すなわち何らかの形体の決定をあらかじめ留保しておくことであり、そうすることで新たな形体の出現を可能にさせるのだ。もし建物の在りようがその形体によって先に定義されてしまうのであれば、すでに人が考える前からデザインは決まっていることになるため、デザイナーなど必要ないことになる。しかし保守的な文化においてはそのようなこともあり得るだろう。たいていの場合は、その文化における常識をうまく利用し、行儀よく振る舞う必要があるからだ。

建築においてそうした常識とは、たとえばわかりやすい施工指示を正しく伝えるためのものであり、完了期日を守るためのものであり、多額の建設費用を施主に納得してもらうためのものである。ところがドゥルーズ＝ガタリの思想はそれらのどれにも役立つものではない。むしろ彼らの思想は、われわれに常識を寄せつけず、いわば魔女のほうきに乗せようと手助けするのである。そうすることで人は、世界をあいまいな力に動かされる形のない要素の集合として見ることができるようになる。そしてこの潜勢態（virtualities）の世界に入り込むことで、以前ではなし得なかったことを実現できる、新たな場所へと身を置くことが可能になるだろう。

●群れから離れて

イングランド北部にある息をのむほど美しく、ときに荒涼としたカンブリアの草原に、長年同じ土地に住みつづける羊たちがいる。その羊たちは自分たちの歩む道を心得ており、彼らがはぐれてしまうことはない。彼らは世代から世代へと伝えられてきた知識として、いつもの道をたどりつづける。この羊たちは「定住された（hefted）」羊と称されている。この言葉は古ノルド語として、現在はこの文脈においてのみ使われる。

定住された羊は壁で閉じられた場所で飼育する必要がないため、その地域の農夫にとってはありがたい存在である。そのうえ彼らの行動は予測可能でもある。この羊たちは体を洗うときや毛を刈る際には犬を使って集められるが、普段は特別な建物に閉じ込めておく必要はない。閉じられた牧草地にのみ放牧できる種類の家畜に比べると、むしろ野生動物に近いといえる。この牧草地はかつて囚人の苦役によって築かれた石垣で囲われている。ただしそうした囚人とは異なり、この定住された羊は自由を謳歌することなど望まないから、かえって完全な自由が与えられている。彼らが都市やアート・ギャラリー、または大通りへと出て行ってしまうことはないからだ（図版参照）。

もっとも、この田園には岩石の崩落によって生じた崖地や、落差のある激流の滝といった真の危険もまた潜む。もし自由奔放な羊であれば、ここで突然事故死

ダミアン・ハースト「Away From the Flock」(1994/©Damien Hirst)

することもあり得るだろう。しかし定住された羊は自分たちが本来いるべき場所を理解しているし、あたかもそれが自分たちの望むことであるかのように自重しつづけている。いわば彼らは独特な放牧の仕方で縛られており、すなわち「領土化」された存在なのだ。定住された羊は完全かつ単純な常識によって支配される世界に住んでおり、長年受け継がれた知恵が彼らを安全に住まわせていることになる。もし仮に哲学の感性を備えた羊が産まれたとしても、他の羊は彼と知り合いになることを愚かで誤った、危険なこととみなすだろうし、いずれにせよそんな羊は群れの一員として長続きがしないだろう。

スピノザは「人間は自分を自由であると思っている。というのは、彼らは自分の意欲と欲望とを意識しているが、自分を欲望に駆りたてる原因についてはなにも知らないから、夢にもその原因について考えたりはしないのである」(Spinoza, 1677b, p. 57〔邦訳書、七〇頁〕)と述べている。実際に人間はこうした欲望に非常につよく支配されており、人はそうした欲望を当たり前のものと考え、自身ではそれらをコントロールできないものと信じている。同様に専制君主と奴隷との間に確立された行動規範もまた、奴隷自身がそれを受け入れ実行するという、欲望の奇妙な共謀関係によって維持されていることを、ドゥルーズはスピノザの引用から示している。

君主制の最大の秘密、その最も深い関心事は、ひとびとを錯誤のうちに置き、恐怖心に宗教の

美名を着せて彼らへの抑圧に利用し、彼らがあたかもそれが救いであるかのように自身の隷属をもとめて闘うようにさせるところにある。（Spinoza, 1677a,（Deleuze, 1970, p. 25［邦訳書、四八頁］に引用））

のちにこの点については、ドイツ・ロマン派の哲学者フリードリヒ・ニーチェ（Friedrich Nietzsche:1844–1900）によって、とりわけ『善悪の彼岸』とその続編である『道徳の系譜』（その冒頭文ではこう述べられている「われわれはわれわれに知られていない」）において取り上げられることになる。ここで特に注意しなければならないのは、ドゥルーズがニーチェについての著書を書いたという事実のみならず（実際彼は二冊書いている）、スピノザについて書いた二冊目の本の冒頭にニーチェの名前を記したことだ。第2章で見ていくが、その考えはドゥルーズ＝ガタリの最初の共著『アンチ・オイディプス』でさらに深く論じられている。

また当然のことながら、ここである人物について言及しないわけにはいかないだろう（どうして言及せずにいられようか?）。すなわちそれは人間の欲望と、その欲望の具現化についての研究に多大な影響を与えた人物であり、一九七二年に『アンチ・オイディプス』が発表された当時も、フランスの学界で絶大な名声を誇っていたジークムント・フロイト（Sigmund Freud:1856–1939）その人だ。というのもドゥルーズ＝ガタリによるその著書のタイトルは、彼に異議を唱えたことを明らかに示している。フロイトこそがわれわれの無意識下の行動における多くの基盤となる「エディプス・コンプレックス」という欲望を提示した人物であったからである。
しかしドゥルーズが初期の活動において関心を持っていた人物として、さらにもう一人言及しなければならないのが、スコットランドの哲学者であるデイヴィッド・ヒューム（David Hume:1711-1776）だろう。

●バックギャモン

ヒュームはドゥルーズによる最初の著書のテーマであり、ヒュームの「自己」という概念がそこで解き明かされている。ヒュームにとって自己とはまさに一過性の概念であった。彼は自己というものについて厳密かつ哲学的な方法によって熟考したものの、そこに根拠を見出すことができず、自分自身を納得させることができなかった。しかし彼は以下のように書いている。

この上もなく幸運なことには、理知がこうした迷いの雲を吹き晴らし得ないとき、人性の自然それ自身が十分にこの目的を果してくれる。すなわち、悲惨な心的越勢が独りでに弛むか、さもなければ感官が他に何らかの気晴らしを求め、生気ある印象を得ることで、一切のこうした妄想を抹殺するか、そのいずれかによって、この私を悩ます哲学的憂鬱及び精神錯乱は自然に治癒されるのである。私は食事をとり、バックギャモンを遊び、友人と座談を交えて打ち興ずる。そして、三、四時間の娯楽ののち先の思辨に帰ろうとすれば、その時それらの思辨ははなはだ冷か・

無理・滑稽に見えて、再び深入りする心にはなり得ないのである。(Hume, 1739, p. 269〔邦訳書、(二) 二二四〜五頁〕)

ヒュームは哲学に打ち込んでいない時間は、常識的な世界に逃避することができたし、他の皆と同じように会話するのが楽なことに気がついていた。彼は自分の哲学が、彼自身ばかりか他の誰かのためになるかどうかの確信を持てなかったし、もし通俗的な考え方に同調さえすれば、気楽な時間を過ごせることも知っていた。ここにおいても、哲学の禁欲的な生活世界と通俗的な社交界における二者択一の問題が登場する。しかしヒュームはその二つの領域を行き来する必要性を感じていたのである。彼は哲学の著作においては独自の懐疑論的展望に正直なままでいたが、普段は社会と関わっていたし、そうすることを自ら決意していた。これは確かに良好な精神状態を保つ秘訣でもあっただろう。ヒュームとはまさしくそうした人物だった。

すなわち彼は、はるか昔の一八世紀中頃において、故意に哲学的「ペルソナ」を設定しながらも、他のものの方がより役立つ場合には、臨機応変にその「ペルソナ」を捨て去ることができる人物だった。ここで「私」が言いたいのは、ヒューム自身の理解とは少し異なるが、彼の自己感覚が政治的だったということだ。その感覚は実際に、他者との関係を通じて生み出されたもののように思われる。たとえば彼が孤独なときは、彼の自己に関する観念は疑わしいものとなるのだが、他者といる際には彼の自己感覚が回復するため、楽しい気分に再び戻るのだ。アイデンティティとはやはり相関的なものなのだろう。

一方でヒュームの記述にさまざまな「ペルソナ」が宿るとき、話がさらに展開し、彼らは対話やエピソードの中でヒュームの言葉を通じて自己主張をしはじめる。たとえばある友人の訪問というエピソードでは、語り手としてキャラクター設定された「ヒューム」が友人の信条に賛同できないでいる場面がある。しかし同時に彼はその信条に驚くほどの説得力があることも認めており、読者はペルソナたちがヒュームの視点に近づくというよりも、ヒュームの視点が「友人」の信条に近づいてきたと考えるようになる（Hume, 1751, Section XI［邦訳書、第XI章］）。

ドゥルーズ=ガタリがその二百年後にこれと同じ方法を用いたとき、それはポストモダンとみなされた（「二人それぞれが数人であったから、それだけでもう多数の人物で書いたことになる」）。しかしヒュームを参照すれば、それが非常に伝統的な方法だったとわかるだろう。ヒュームの対話という形式はキケロ（Cicero）を参考としたものだった。そしてキケロの対話においてもまた、登場人物のいったいどの考え方がキケロ自身の考えと一致していたのかは不明なのである。

哲学におけるこのような対話形式はさらにプラトンにまで遡る。そこではさまざまな思考方法というものが、ソクラテスと対話する偏執狂者たちとして、役柄を与えられていた。すなわちこれらの対話が実話であったと想定し、プラトンがアカデメイアにおけるただの記録係だったとでも考えない限り、対話は論点を伝えるために異なる声で演じ分けられたプラトンの腹話術である。一方でそうした対話が事実であったと仮定して、そこに改変や脚色が与えられたものであるとするならば、あらゆる復元作業がつねにそうであったように、それは真実には違いなくとも、技巧的で、大仰に仕立て上げられた物語ということになるだろう。

●脱領土化

定住された羊の例に戻ると、それはまるでエディンバラにおいてお喋りとバックギャモンに興じていたときの、気分よく定住されたヒュームのようである。彼はそこで社会的「ペルソナ」を用いることで気楽でいられたし、「ありのままでいられるように」感じていた。彼は領土に縛られ、群れの一員として振る舞う術を知っており、そうしている間は気持ちが穏やかだった。しかし彼はその状態を自由に切り替えることができた。すなわち哲学的思考に没入することこそ、彼の脱領土化の行為でもあったであろう。それはエディンバラという慣れ親しんだ世界から彼を連れ出して、本当に心を許せる同志のみが知りえた世界へと誘うものだった。

彼はさまざまな「ペルソナ」を選択したが、そうした「ペルソナ」の選択は、彼の再領土化だった。すなわち選択したそれぞれのキャラクターというものは、それぞれの世界に属する思考様式に基づいた存在だからである。それは羊が偶然に、もしくは衝動的に群れから離れて迷子になった後、別の新しい群れと親しくなることで、新たなどこか、たとえば月面のような場所に再定住したようなものである。禁欲的になりすぎることで躁病やアルコール中毒、または拒食症に見舞われてしまうような状態は、脱領土化の行き着く先（もしくはその途上）だろう。そこで脱領土化の冒険から帰還したヒュームは、迷子になった羊の気持ちをわれわれに教えてくれる。しかし彼はいったん戻ってくると、わが家で安住することに満足するため、あえてさらなる危険を冒すことに価値があるかの確信を持てずにいた。すなわち他の人々と同じように会話するということが、彼にとってはやはり社交的で居心地の良い振る舞いだったからである。

とはいうものの、それでも彼はなお脱領土化の思考に耽ることを繰り返している。それは彼のもうひとつの側面であり、何らかのきっかけによって脱領土化されることの興奮状態が、彼に甦ってくるからだった。だからこそ彼が記した脱領土化の文章は、今日に至るまで魅惑的な洞察であり続けるのだ。それは彼の遊び仲間には決して多くを語らなかったことだった。彼の記述の中には死後ようやく公刊されたものもあり、たとえバックギャモンについて書かれた箇所に学ぶものがないにせよ、彼の著作を今日読んだとしても、いまなお読者のうちに逃走線を生み出している。脱領土化されたヒューム(哲学的思考のヒューム)における自信のない「自己」理解は、彼の一般社会での暮らしにおける自己中心的な大胆さとは対照をなすものだ。しかし常識がまかりとおる周囲の世界に対して、彼は自らの哲学的な雰囲気が、あたかも精神疾患であるかのように人に示すことができたのである。すなわち、彼が哲学のために落ち着きをなくしていたり、自制心を失ったりしていることは病気の所為なのだ、と。

私は最初、私自身の哲学説のため私が置かれる寄辺ない孤独に怯え、狼狽する。そして、私自身を或る奇径・奇態な怪物であると空想する。すなわち、社会に交雑し合一することができずにあらゆる人間的交際から追い立てられて、独り全く棄てられ、侘びしく暮らす怪物、などとみずからを空想する。私は許されれば、庇護と温暖を求めて人々の群へ悦んで駆け込みたい。とはいえ、かような醜怪な身を以て人中へ混じるようにとは、私自身を説服できない。私は、別の集会を作るため私に加わるように人々を招く。しかし、誰も耳を傾けようとはしない。誰もが距離を隔てたまま、四方から私を打つ嵐に怯えている。しかし、それは無理もない。私はあらゆる形而上学者・論理学者・数学者の敵意に、のみならず神学者の敵意にすら、一身を曝らしてきた。然らば、私が侮辱を浴びねばならないことをみずから怪しみ得ようか。私は彼らの體系の否認を言明して来た。然らば、彼らが私および私の人物に對する憎悪を表現すればとて、驚くことができようか。私は外を見るとき、いずれの側にも論議・非議・忿怒・讒悔・中傷を豫見する。また内に眼を向けるとき、ただ疑惑と無知とを見出すのみだ。全世界は協同して私に異論を唱え、私を非議する。しかも、私の弱さは私をして、他人の是認による支持のないときは自説のすべてがひとりでに崩れ落ちる、と感じさせる。私は一歩ごとに逡巡し、新しく省察するごとに論究の錯誤と不合理とに怯える。(Hume, 1739, pp. 264-5〔邦訳書、(二) 一一八〜九頁〕)

ヒュームが英国の最も偉大な哲学者とみなされている今日において、当時は公表することさえ憚られていた彼の猜疑心を知るにつれ、心が動かされる。彼は完全には実現されることがなかった教職へのあこがれをつよく抱いた青年でもあったからである。

一方でドゥルーズ＝ガタリもまた，奇抜な方法を用いたが，ヒュームと同様に常識と哲学の相互関係を深めてきた。しかし彼らはヒュームとは異なって，その信念を一切曲げてはこなかった。ドゥルーズの友人ミシェル・フーコー（Michel Foucault）による「今世紀は，いつの日か，ドゥルーズ主義の時代とされるだろう」（Foucault, 1970, p. 165）という発言において，ドゥルーズの真価を見ることができる。この言葉がどれほど不正確で，滑稽で，皮肉あるいは冗談めいたものであったとしても，それは時宜を得た彼を支持する声明だった。その言葉はしばしば引用されたが，大抵は出版社による宣伝文句としてであり，ドゥルーズの不条理さについてはなんの認識もなく使われてきたものだろう。なぜならドゥルーズは偽りの神よりも悪魔側，立法者よりも罪人側，政府機関よりもノマド的軍事機構の側にいるからだ。彼の考えは飛躍をするが，もしそれが体系化されプログラム的なものであったとしたならば（彼自身の意思に反して，いつの間にかドゥルーズがこのように理解されることはしばしばあるように思われるが），その魅力である悪戯っぽさや力強さを失ってしまうことだろう。

長い期間，彼は哲学史を研究してきたことについて以下のように述べている。


しかし，あの手この手でその埋め合わせをしていたんだよ。まず，哲学史の合理的伝統に反する書き手が好きだったということがある（それがルクレティウスやヒューム，スピノザやニーチェだったわけだが，彼らのあいだには，私からみて内密なつながりがある。そのつながりは，おおよそ次のようなもので成り立っている。つまり否定的なものに向けられた批判、悦びの鍛練、内面性にたいする憎悪、そして諸力と諸力相互の連関にあらわれた外在性、あるいは権力の告発……)。なによりも嫌いだったのはヘーゲル哲学と弁証法だった。私が書いたカント論はちょっと違うね。あの本はけっこう気に入ってるんだ。わざわざ敵について書いた本だからね。敵はどんなふうに機能しているのか、理性の法廷とか能力の節度ある使用法、私たちに立法者の資格を与えるだけに、なおさら偽善に満ちたものになる服従など、敵の歯車はどのようにかみあっているのか、そこのところを明らかにしようと思ったわけだ。しかし、もっとはっきりしているのは、私が当時の状況を切り抜けるにあたって、哲学史とは「おかまを掘る」ようなものだ、というか、これも結局は同じことになるけれども、無原罪懐胎のようなものだ、と考えていたということだ。私は哲学者に背後から近づいて、子供をこしらえてやる。その子供はたしかに哲学者の子供にはちがいないけれども、それに加えてどこかしら怪物的な面をもっている。とまあ、そんなふうに考えてみたわけだ。子供がたしかに当該の哲学者のものだということはとても重要だ。私が語らせようとしたことを、その哲学者が余すところなく、そのとおりに語ってくれなければ困るからね。しかし、子供に怪物じみたところがあるということも、やはりどうしても必要だった。それは何もかも中心からずらし、横すべりさせ、すべてを破壊し、ひそかに何かを放出する必要があったからで、私にはそんなことが楽しくてしかたなかったわけだ。その意味でいうなら、私のベルクソン論は模範的な本だと思う。ところが最近はベルクソンごときを論じたといって私を非難し、それで得意がっている者も多い。歴史を知らないからそうなるんだ。彼らには、初期のベルクソンがフランスの大学機構のなかでどれだけ憎まれたか、そして社交界と非社交界の別を問わず、頭のおかしい連中やマージナルな連中においてベルクソンが関心の中心になりえたのはどうしてなのか、そのあたりの事情がわからないのさ。それがベルクソンにとって不本意だったかどうか、そんなことはどうでもいい。(Deleuze, 1990, p. 6〔邦訳書、一七〜八頁〕)

すなわちベルクソンは、幸せな人生を肯定するなどという異端哲学者の、いうなればその反-哲学のメンバーに、思いがけずも加えられてしまうのだった。さらにその反-哲学とは、あの厳格なカント哲学にさえ見出されるものであり、それについてはドゥルーズが非常に短い著作を著している。この著作に付せられた「諸能力の理説(The Doctrine of the Faculties)」という副題の語は二つの意味を持っている。それはカントの「能力(faculty)」の概念を解説した案内書としての意味のみならず、「大学(Faculties)のドグマ」とも訳されるものだ。そしてこの言葉遊びは、カントが授かるであろう、いわゆる「無原罪懐胎」をほのめかしている。そしてもうひとつの皮肉は、ドゥルーズが大学に雇用されていたことだろう。ドゥルーズはパリ第八大学(ヴァンセンヌ校)で教職に就いていた。そこはフランスの教育機関としては異例であり、ガタリが積極的に参加した一九六八年の有名な「五月革命」に呼応して設立された超自由主義の大学だった(この機関は自ら反-大学を自称していた)。

ガタリは一九六八年にドゥルーズと出会い、そして彼らは後に『アンチ・オイディプス』（一九七二年）となる共働を開始する。ガタリの手法はドゥルーズほどには悪戯っぽさを持ち合わせていない。しかし彼は一九七三年に『ルシェルシュ』誌特別号で「三十億の倒錯者：同性愛大百科（Three Billion Perverts : *Grand Encyclopedia of Homosexualities*）」を発表し、「風紀への非道な行為」として起訴されている（Genosko, 2006）。他には精神科医としての職業生活もそれに劣らず議論を呼ぶものだった。彼はラ・ボルド（パリの百キロ南、ロワール＝エ＝シェール県のクール・シェヴェルニー）の荒廃した城で、一九五三年にジャン・ウリと共同設立した実験的なクリニックで業務を行った。そのクリニックでは鎮静剤を投与することで患者たちを無気力にするのではなく、彼らに自由な権利を与えようと試みていた。

ドゥルーズとガタリが共働したとき、両者はその姿勢を共有していたにもかかわらず、個々では行わなかったことを実践していることに気づくのだった。

この本の技術的な面についていうと、二人で書くということにとくに問題はなかったのですが、それはある明確な機能を果たしたのであり、われわれはそのことを徐々に自覚するようになりました。精神医学や精神分析の本のなかでたいへん気になるのは、そこをつらぬく二重性です。つまり、病者と思われる人が言っていることと病者の面倒をみている看護者が言っていることが重層しているわけです。いわば「症例」とその注釈もしくは分析がかさなりあっているということです。……われわれは狂人の本をつくろうなどと思ったわけではまったくなくて、誰が話しているのか（看護者なのか、看護される者なのか、いま現在の、過去の、あるいは未来の病者なのか）がもはやわからないというか、わかる必要もないような本をつくろうと考えたのです。……奇妙なことに、われわれがこの伝統的な二重性を超えようと試みることになったのは、まさにわれわれが二人で書いていたからなのです。二人とも狂人でもなければ、精神医学者でもなかったのですが、精神医学者にもその患者としての狂人にも還元されえないような、あるいは狂人にもその医師としての精神医学者にも還元されえないような過程を解き放つためには、二人でなくてはならなかったのです。（Deleuze, 2004, pp. 218-19［邦訳書、一五四～五頁］）[3]

ガタリは能弁ではあったが、自身の考えを具現化する協力者を必要としていた。すなわちドゥルーズによる哲学的概念を通じた緻密で論理的な仕事は、ガタリの能力を補完するものだった。また両者は官僚機構や政府によって、あるいは定住された市民（hefted citizenry）のなかに植え付けられた思想によって、自由、生命、喜びが抑圧されていることを発見し、それらの解放に助力することを基本的方向性として共有することになる。たとえば五月革命についてガタリは「意識されざる共謀の結果ではないのか。権力から官僚へ、官僚から活動家へ、そして活動家から大衆へと段階的に作動する抑圧の内面化の帰結ではないでしょうか。一九六八年五月の後に起きたことはまさにこれにほかなりません」（ibid., p. 217［前掲書、一五一頁］）と考えている。この点はドゥルーズがスピノザに見出したものと正確に一致するだろう。ドゥルーズがガタリのうちに発見したものは、その留まることのないエネルギーだったのだ。

フェリックスはいつもさまざまな次元でさまざまな活動をしていて、精神医学、政治学をはじめ、いろいろなグループ活動にかかわっていた。彼はグループの「スター」的存在、あるいは、いつもたえずきらめく光を放ち、一見したところ、決してとどまることのない海のような人物なのだ。彼はひとつの活動から他の活動へと飛びまわることができ、わずかしか眠らず、旅を続け、決して停止しない。彼は中断することがないのだ。彼はものすごいスピードをもっている。しかし私の方は、むしろひとつの丘みたいなもの、わずかしか動かないし、二つの活動を同時にこなすことができない。私の思考は、定着したもので、まれにする運動もあくまでも内的なものだ。私は一人で書くことなら好きだが、講義の場合のように、言葉が他の事柄に従属している場合は別として、話すことはあまり好きではない。私たちがもし二人合体すれば、まんざらでもない相撲の力士になれるかもしれないね。(Deleuze, 2003, p. 237〔邦訳書、五七〜八頁〕)

ドゥルーズ＝ガタリとは誰だったのか。ある意味で彼らは取り組み合う相撲の力士だった。一方で彼らはきらめく海と、ゆっくり動く丘でもあった。彼らは常識の強固な輪郭を溶かし、それをより漠然とした何らかの可能性に満ちた本能に変えてしまう才能を持っていた。自身を束縛してきた抑圧を取り去るときに、われわれは欲望の存在を見出すだろう。そんな欲望を彼らは喜んで肯定してくれるのだ。彼らはこれまで受け入れられてきたアイデンティティや先入観、経度と緯度、そして速度、強度、情動の解体を行った。しかしすべてをやり遂げてしまうと、二人は苦笑まじりに目配せをして、人間関係を円滑にするためにはときに常識的な形式を選択することさえいとわなかった。結局のところ、多くの人々と同じように会話をすることは楽しいのだから、と。

【注】

1　ドゥルーズの爪は長く、ミシェル・クレソール（Michel Cressole）による敵意に満ちた発言の原因だった。ドゥルーズによる「口さがない批評家への手紙」（『記号と事件一九七二〜一九九〇年の対話』所収）参照のこと。

2　ヴィクトル・デルボ（Victor Delbos：1862-1916）はスピノザについて二冊の本を著した。ドゥルーズは *Le Probleme moral dans la philosophie de Spinoza et dans l'histoire du spinozisme*（Paris: Alcan, 1893）の中で「同じ著者による学術的な著作、*Le Spinozisme*（Paris: Vrin, 1950）よりも重要」と述べている。

3　これはモーリス・ナドー（Maurice Nadeau）の司会のもと行われた討論を記録したものであり、ガタリを含む他数人が参加している。オリジナルは『アンチ・オイディプス』が新しく出版された一九七二年に出版された。これは『無人島』（Deleuze, 2002）に収録され、「ドゥルーズ／ガタリが自著を語る」というタイトル（むしろ見出し）において翻訳されている。現在ではガタリの所有物に残されていた彼らの註釈付きの論文が出版されているため、ドゥルーズ＝ガタリの研究方法はより詳細に調べることができる（Guattari, 2005）。

第2章　機　械　*Machines*

●群れをなす

『アンチ・オイディプス』の冒頭には，さまざまに描写された機械が群れをなして現れる。ここでは機械が機械自身を組み立て，結合し，電源を入れ，接続と切断を繰り返し，熱を発し，呼吸し，授乳するなどと，見たこともないほどの機械の描写に遭遇することになる。

拒食症の口は，食べる機械，肛門機械，話す機械，呼吸する機械（喘息の発作）の間でためらっている。こんなふうに人はみんなちょっとした大工仕事をしては，それぞれに自分の小さな機械を組み立てているのだ。〈エネルギー機械〉に対して，〈器官機械〉があり，つねに流れと切断がある。シュレーバー控訴院長は，尻の中に太陽光線をきらめかせる。これは太陽肛門である。〈それ〉が機能することは確信していい。シュレーバー控訴院長は何かを感じ，何かを生産し，そしてこれについて理論を作ることができる。何かが生産される。この何かは機械のもたらす結果であって，単なる隠喩ではない。（Deleuze and Guattari, 1972, pp. 1-2〔邦訳書，上一五〜

六頁〕）

この文章はよく知られているが、ドゥルーズは述べている。「フェリックスは、われわれの本はいま七歳から一五歳のあいだの人たちを対象の読者にしたものだと言っています。それは理想であって、実際にはむずかしいことですがね。というのは、その年齢の人にとっては、この本はいささか難解にすぎるし、また教養がつまりすぎてもいるからです。それに、けっこう妥協もしていますしね。つまり、われわれは、若い読者に対して十分に直接語りかけることができなかったし、また十分に明晰であることもできなかったのです」（Deleuze, 2002, p. 220〔邦訳書、一五八頁〕）。しかし当のガタリは、この本を理解するには感受性のつよい年齢に達していることが必須であると、もっともな指摘を述べている。それは彼らの著作が、確立された常識的な思考形式の解体を読者に求めているからである。もし本の内容が単に難解なものとしてでなく、むしろ刺激的とさえ感じるのであれば、その本が未知なる世界を開いてくれると信じればよい。怖れる必要はないだろう。おそらく彼らの本は老人よりも十代の若者に向いている。しかしその文章は「年齢制限」を必要とするものであり、文中に引喩が多用されていることも前述の引用文から明らかだ。

たとえば彼らが述べる「太陽肛門」とはジョルジュ・バタイユ（Georges Bataille）による超現実主義の仰々しい言い回しを引いたものである。しかしその引喩は婉曲的なものだから、仮にバタイユの文章を読んだとしても、彼らがなぜそこでこの引喩を用いたのか理解できない。もしかすると文章はその時点でまだ「構想中」だったか、もしくはドゥルーズとガタリがバタイユを読んでいる最中だったからかもしれない。思うに、おそらく彼らはまだバタイユを読んでいる最中だったのだろう。なぜならその後の『呪われた部分』（一九四九年）に関しては、その引喩がより重要に扱われているからだ。

しかし『アンチ・オイディプス』の文脈では、太陽を身体として、そしてまた機械として読むことができる。もっとも、バタイユの文章における描写でつよく『アンチ・オイディプス』を想起させるのは、蒸気機関におけるピストンの性的描写においてである。「主要な二運動は回転運動と性的運動であり、その結合は車輪とピストンから成る機関車によって代表される。これら二運動は互いに一方がもう一方に変形する」というわけだ（Bataille, 1931）。まるで多数の交接が地球を回転させ、もしくは反対に地球の回転が交接のピストンを動かすように見える。火山は地球上において肛門の働きをするものだ。同時に、太陽を機械とみなすならば、人体が排泄物を生産するように太陽は日光を生産するだろう。この考えはドゥルーズ＝ガタリの文章にもバタイユの文章にも詳細に説明されていないが、それらの内容について考えれば、読者のなかでは具体化するものである。いうなればこの書物は、読者との関係において機械の働きをし、これまで持ち得なかった概念を読者の内部に生産するのだ。

●シュレーバーの症例

ドイツのシュレーバー控訴院長（Judge Schreber）は、自身が受けた迫害について自叙伝を出版することで、多くの人々に自分が正気であることを理解させようと試みた。しかしそれは無駄に終わっている（Schreber, 1903）。

その内容は以下のとおりである。

シュレーバーは、神が新しい救世主として彼を選び、そのために彼の身体が女性の身体に転換されたことを確信していた。さらに彼は、出会った誰もがすでにいなくなり、彼が見たものや聞いたものは、神が彼をあざけるために送ったただの幻覚であると信じていた。彼は絶え間なく続く、そのあざけるような攻撃的な声に耐えきれず、出せるかぎりの大声で叫んだ。そのことが、特に夜中、隣人を悩ませるため、彼が拘束されなければならないことを物語っていた。

症例は明白である。彼は急性パラノイアを発症し、その主な兆候は妄想である。（……しかし）錯乱状態の自覚をどんな形であれ否定することなく、正気の彼を施設に追い込んだ人間を説得するため、そして彼の信念をより多くの人に示すために回想録を書き始めると、これらの症状は軽くなった。（Lecercle, 1985, p.1）

シュレーバーはその深刻な状況によって、思いのほかよく知られることになってしまった人物だが、それは彼の文章に関心を持ったフロイトが、それを「症例」分析のひとつに取り上げたからである（Freud, 1911）。しかしこれはドゥルーズ＝ガタリの文章のどこに結びつく話だろうか。ひとつは、彼らの本文内の引用は読者をとにかく特別な資料へと誘うので、間違いなく探求するだけの価値があると考えるものである。もし感受性のつよい「理想的な」十代の読者であれば、このような文章に出会ったことがないだろうから、心が躍るだろう。しかし『アンチ・オイディプス』の冒頭で述べられていることの要点は、身体を（身体を伴うことで一体をなす心をも同じく）機械または機械の大群としてみなすことであり、そこからさらに「ある効果がめざされているとしても、どのような機械がこうした効果を生み出す能力を持っているのか。また、ある機械が与えられているとしても、この機械はいかなることに役立ちうるのか」（Deleuze and Guattari, 1972, p. 3〔邦訳書、上一八頁〕）などと問うことだ。

この記述からもわかるように、彼らの分析は完全に実用主義的だろう。すなわちそれは機能しているか、あるいはそれを使って何が可能か、という問いこそが重要なのだ。そうした問いは単純すぎるように見えるが、実は建築家の最も習慣的な問いの立て方でもある。ものの見方を複雑にしているのは、そこに関連する事物が膨大な数に及ぶからだろう。本来われわれは身体や生命の問題について問うことができるし、さらに都市空間や、丘からの眺めについても問うことができる。ドゥルーズ＝ガタリによる身体の定義は「一個の動物でも音響の身体でも、ひとつの心や観念でも、言語学の資料体でも、ひとつの社会体でも集団でもいい」ということだった。すなわち建物において言えば、合板や鉄骨の梁についてでも問うことができるのだ。ある製品としての機械というものは、他のものにとっては素材でもあるからだ。

たとえば建物の板材について「それは機能しているか。それで何をすることができるか」と問えば、何らかの回答を得るだろう。しかし樹木について同じ問いを投げた場合、必ずしも板材から考えなおす必要はない（しかし建設業者が材料について質問をするならば、板材を考えることは明らかに理に適っている）。（スピノザが教えたように）すべてのものは他のすべてのものと関係づけられており、アイデンティティの輪郭は相互作用と慣習を通して形づくられている。われわれがそのプロセスに気づこうが気づくまいが、輪郭は枠組《フレーム》みを構築し、確立してしまう。それらは本来自然なことではなく、（ヒュームで見たように）自明なことでもない。しかし常識にひどく捕らわれていたならば、そうした輪郭を自然で自明なことと思い込んでしまうだろう。すなわちそれは自意識過剰な定住された羊が、自分が自由であると自覚しているであろうことと同じなのである。ドゥルーズ＝ガタリはこう述べている。「統合失調者が…生きているものは、……生産の過程としての自然なのである」と。

おそらく、ある水準においては、自然と産業ははっきり区別される。すなわち、ある面で、産業は自然に対立し、別の面で、産業は自然から原料をひきだし、また別の面では、産業はその廃棄物を自然に返している、等々。自然＝人間、自然＝産業、自然＝社会というこの弁別的関係は、社会の中にさえも「生産」「分配」「消費」と呼ばれる相対的に自律的な領域の区別を存在させる条件となっている。しかし、こうした一般的な水準の区別は、発展した形式的構造の中に認められるもので、（マルクスが指摘したように）それは単に資本と分業の存在を前提としているだけではなく、資本家という存在が自己についてもつ誤った意識と、全体的過程に属する諸要素の固定を前提としている。なぜならほんとうは、錯乱の中に埋もれている目覚ましく暗い真実が示しているように、相対的に独立した領域や回路といったものは存在しないからである。(ibid., pp. 3-4〔前掲書、上一九頁〕)

一八世紀に労働の分業化が、生産性の大きな向上へつながることに着目したのはアダム・スミス(Adam Smith)だった。やがて一九世紀になってカール・マルクス(Karl Marx)が労働について書物を著した頃には、この考えは製造業において完全に履行され、多くの製品の製造作業は(ドゥルーズ=ガタリが「技術的機械」と呼ぶ、普通の意味での)機械によって可能になっていた。そうした機械は製造工程の全体像を把握していない人物であっても管理することができる。すなわちその工程が結果的に及ぼすであろう広範囲の影響に対して、人は責任を感じることなく、日常的業務を果たすことが可能になるのである(人は生計を立てるために仕事をしなければならず、もし私がしなければ他の誰かがすることになるだろう。私が仕事の全体像を知る術はないのだから)。

ドゥルーズ=ガタリがマルクスから学んだ教訓のひとつは、生産というものは個人を横断し、個々人の間において生じるものとみなすことだった。このことによって、後々生じる結果については責任を取る必要がないと、誰もが感じることができるようになる。たとえばもし私が施主の要望だけを聞く建築家であったなら、私にも施主にも責任はないだろう。そして施主が市場の求めるものだけを望むのであれば、おそらくその責任は株主に対してのみなのだ（「最終損益」に対する関心は、利益が大きいか小さいか、黒字なのか赤字なのかというものであろう。そして「当然」そこでは利益を上げたいと願うのだ）。今日において株主は、強欲な資本主義者のように、単純化して描写されることはない。なぜなら主要な株主というものは年金基金やその種のものであるから、それらに依存している老人が満足な生活水準を保てるよう、彼らの投資に関してかなりの収益を望んでいる。そのためビジネスが収益を上げるべく経営されなければ、彼らは資本を回収してしまい、何か別のものに投資することになるだろう。本来、人は誰でも合理的な判断をすることができるものだが、それにもかかわらず結果的には最も欲深い商業市場の開拓に奔走することになりかねない。

そうした総体としての機械が、たとえ森林を砂漠に変えたとしても、その機械の内部にいる個々人は、そんな事態にいたるまで、実は仕事に対して真面目に取り組んできたかもしれない。むしろそうした事態にいたってさえ、頭のなかでは筋を通してきたつもりでいるだろう。そういう場合、われわれは政府のようなより上位の権力が行動を起こしてくれることを期待するかもしれないが、もしそうした政府の決定が仕事に対して真面目に取り組んできた人々や、そんな彼らを頼りにしてきた人々のすべてに不評であったなら、政府は解体されてしまうかもしれない。ひとたび機械が組み立てられれば、機械は機械自身のアイデンティティと生命を持つことになってしまうのだ。

●機械の書

「サミュエル・バトラーの『機械の書』という意味深い文章」（ibid., p. 284〔前掲書、下一三二頁〕）は、機械を有機体として見る視点について探求した、際立って明晰な解説書である。『アンチ・オイディプス』で参照と引用がされたすべての文章のうち、これは原文のまま使用された最も長い引用文であり、すべてを読む価値があるだろう[1]。バトラーの論点は、機械がそれ自身の生を有しているというものであり、この洞察は、機械が有機物ではないという事実とは無関係である。「マルハナ蜂が、しかもただこのマルハナ蜂だけが、赤いクローバーの再生産の仲介者の役割を果しているからといって、この赤いクローバー自身は再生産の体系を持っていないなどと、誰が主張することができるのか。私たちの誰もが、無限に小さい極微動物から発生したのだ。これらの極微動物の同一性は、私たちの同一性とはまったく別のものであっても、これらの極微動物は私たち自身の再生産体系の一部をなしている。どうして、私たちがもろもろの機械の再生産体系の一部をなさないことがあるであろうか」（Butler（ibid., p. 285〔前掲書、下一三三頁〕））[2]。

ドゥルーズ＝ガタリは、スズメ蜂（wasp）と蘭（orchid）の関係に着目し、繰り返し言及している。より詳細に言うと、それはワスプ蘭（wasp-orchid）とチニン蜂（Thynnine wasp）の関係である。蘭の一部はメス蜂によく似るように進化した。そしてオス蜂がそのワスプ蘭と交尾しようとするとき、そのオス蜂は花粉を拾い、蜂を誘惑する次の蘭に花粉を運ぶ。このことは映画『アダプテーション』（二〇〇二年）で美しく描かれている。映画の主人公とその双子の弟の見分けがつかないのと同様に、蜂とその蘭の花も見分けがつかない（図版参照）[3]。ドゥルーズ＝ガタリが蜂と蘭について参照するときはいつも、われわれがすでにこの蜂と蘭の関係について知っていることを前提にしているようである。しかし彼らの論点はバトラーの論点でもあり、すなわち前述の引用文が強調するように、これら二つが不可分に発達したというものだ。この事例がさらに意味深いのは、植物側における形態の順応によってそれらの相互依存が目に見えて明らかなことである。ここでの蜂は確実に植物の一部をなしている。

ではこの場合「アイデンティティ」の境界線をどこに設定すればいいのだろうか。しかしドゥルーズ＝ガタリはそうした線引きを拒んでいる。なぜならこれら二者はつながり、機械の生産（再生産）プロセスの一部になっているからである。同様にバトラーが論点にした（当時の先進技術であった）「蒸気機関」もその再生産と進化という点において、人間という仲介者に依存していた。

チニン蜂（*neozeleboria cryptoides*）とワスプ蘭（*chiloglottis trilabra*）（『アダプテーション』スパイク・ジョーンズ監督、2002/©Columbia Pictures）

蒸気機関はメンテナンスをし、設計し、改良を加えるエンジニアのみならず、その機械に必要な燃料を見つけるために採掘する人間や、機械の一部として不可欠なレールをつくるために鉄を精錬する人間に依存した。機械は有機物と無機物の各部分からなる。そして機械の生命を構成し、その出力と速度を生み出すために共働することになる。さらに現在ではコンピュータが人間の思考を補助するため、人は今まで以上にますます機械の生活に依存し、関わり合っている。機械はこれまで考えもしなかったことまで人間に強要するから、機械の方が私たちの生活を管理しているようにさえ思えるときがある。

リチャード・アークライト（Richard Arkwright）は高額な水紡機を導入した生産ラインを休止させない方法として、交替制勤務の労働モデルを一七七〇年代に確立している（Fitton, 1989）。これは人間と機械とのパワー・バランスの転換を示すものであり、機械の要求が人間の要求を上回った事例である。そこではラスキン（John Ruskin）による溺死した人物の描写が想起されるかもしれない。「たとえば最近、カリフォルニアの船が難破したとき、乗客のひとりは二百ポンドの黄金をいれた帯を身体にしばりつけていたが、かれはのちにそれをつけたまま海底で発見された。さてそこで、かれが海底に沈みつつあったとき、かれはその黄金を有していたであろうか、それとも黄金がかれを有していたのであろうか」（Ruskin, 1862, p. 210〔邦訳書、一一三～四頁〕）。すなわち人間のために機械が働くのか、それとも機械のために人間が働くのだろうか。そしてまたもし両者が入れ替わったとしたら、われわれはどのようにそれを見分けることができるだろうか。そして機械はそのことを認めてくれるのだろうか。

そうした交替制労働は現在も生活の一部として深く根づいている。そしてその運用方法を記載したさまざまな実践的なウェブサイトが存在している。たとえばそのひとつの方法として、仕事を世界中の異なるタイムゾーンに分散させることが考えられている。そうなればこちらが休息し、寝ている間にも、世界の反対側では仕事が解決されていることになる。そして朝を迎えて仕事を再開したときには、必要な情報が得られているのだ。そこでは蒸気機関とエンジニア、蜂と蘭、分散型オフィスネットワークにおける労働者同士といった、モノとモノとのつながりこそが最も重要になってくる。電子的なネットワークを通して、当たり前のように互いがつながる現在、あえてここでは詳細を論じないが、それらの重要性が過小評価されてはならないだろう。新しいアイデンティティと身体が形成されるのは、そうしたつながりを通してなのだから。

●ツリーを伐採する

ドゥルーズ＝ガタリは「リゾーム」という特異なネットワーク構造、つまりどの箇所からも分岐して、新しい芽を出すことができる植物構造を提唱した。中心の幹から枝分かれし、小さい枝はより大きな枝から分岐し、最終的には丈夫な芯へとつながる樹木構造《ツリー》の対照として、彼らは「リゾーム」を捉えている。樹木構造《ツリー》は集中化した権力のイメージや、そうしたイメージ以上のものとしても扱われるものであり、要するに現実にある中央集権化のモデルである。樹木《ツリー》は通常、環境に関心がある者によってむしろ好意的な評価を受けるものだが、それが徹底的に批判されるのは皮肉なことだ。

奇妙なことだ。どんなに樹木は西欧の現実と西欧の全思考を支配してきたことか。植物学から生物学まで、解剖学、さらにまた認識形而上学、神学、存在論、全哲学を……――基礎=根、Grund, roots そして fundations。西欧は森および森林伐採と特権的な関係を持っている。森から かち取った田園は種子を持つ植物で蔽われ、樹木状の種とタイプに向けられる世代継承的農耕の対象となる。休耕地に展開される牧畜の方も、まさしく動物的樹木状組織を形成する血統を選別する。東洋はこれとは別な形を示すのだ――森および田園との関係よりもむしろ草原《ステップ》および庭園(または別の場合には、砂漠およびオアシス)との関係である。また個体の断片化によって進行する塊茎の栽培であり、囲いをした空間内に閉じこめられ、あるいは遊牧民の草原に追いやられた牧畜は遠ざけられ除外される。西欧、多くの可変的個体による、選ばれた一血統の農業。東洋、「クローン」の広大な音階にかかわる少数の個体による園芸。東洋、とりわけオセアニアには、あらゆる点から見て樹木という西欧的モデルに対立するリゾーム的モデルのようなものがありはしないか? オードリクールはそこに、西欧に親しい超越の倫理ないし哲学と、東洋における内在性のそれとのあいだにある対立の理由のひとつを見てさえいる――播きそして刈りとる神に対して、突き刺しそして掘り出す神である(突き刺すことに対して播くこと)[4]。超越、これはヨーロッパ固有の病である。そしてそこにあるのは同じ音楽ではないし、大地もそこでは同じ音楽を持っていないのだ。また性行動もちっとも同じではない――種子を持つ植物は、両性を結合するときでさえも、性行動を再生産のモデルにしたがわせる。ところがリゾームは反対に、再生産からのみならず、生殖からも性行動を解放するのである。西欧の場合、身体には樹木が植えこまれてしまい、性さえも硬化させ地層化してしまったのだ。われわれはリゾームあるいは草を失ってしまった。(Deleuze and Guattari, 1980, p. 18〔邦訳書、上四五~七頁〕)

つまりこうした習慣的な思考法が一度植え付けられると、世界の捉え方や、そのすべての関係が影響を受け、歪められてしまう。おそらくこの辺りで『アンチ・オイディプス』と『千のプラトー』の二冊にわたる『資本主義と分裂症』の研究が、どれほどまで生活のあらゆる側面について論じられたかが、理解できるのではなかろうか。彼らの研究はドグマではなく、問いでさえなく、ただ一組の価値観として提示される。これはスピノザの『エチカ』と深く関連する道徳の研究なのである。そして『エチカ』もまた同じく、超越性よりもむしろ内在性に基づく研究だっただろう。

『アンチ・オイディプス』の冒頭に目立って現れる「欲望する機械」は、われわれがまさに自覚し、身を任せたいと願う欲望を生産するが、それは人が自覚することなく作動する機械でもある。しかし意識を生産するために作動するそのメカニズムは、ときに対立し、相容れないような欲望をも生み出すことがある。そうした対立する欲望は意識にのぼる前に解消されてしまうことがある一方で、場合によっては意識された欲望として、その対立が表面化することもある。またこれらのメカニズムは無数に存在するが、なかでもそれが意識レベルに近づく効果を生産するときにのみ、人ははじめてそのメカニズムに気づくだろう。そしてそれらのメカニズム間で起きていることはミクロ政治、すなわちつながりを絶つ明確な限界点がなく、中央集権化した樹木状《ツリー》の中枢を経由する必要のない、無数のリゾーム的つながりである。そしてその作動範囲は、自意識を未だ持たない準「個人」（すなわち「欲望する機械」の群れ）から、社会集団や群衆にまで及ぶ。群衆とはすなわち、人々のある一面のみが複雑に絡み合った集団のことであり、そこで生み出される「群衆化したアイデンティティ」とは、集団を構成する人々のどのアイデンティティとも同じではないものである。要するに群衆になると人は、個人が決して行わないことを行うようになってしまうのだ（Canetti, 1973）。

群衆にとっての個々人というものは、個人にとっての欲望する機械と同じ関係にある。二者択一的に述べることはできないにせよ、個人における「欲望する機械」の集合について確実に言えることは、それらが群衆として集まれば、集団のアイデンティティを生み出すべく、共働し得る存在として形をなすことである。すなわち群衆とは身体なのだ。単体の個人に作用してきたいくつかのメカニズムは、群衆になるとどういうわけか機能が停止してしまい、役に立たないものになる。しかし仮にそうなったとしても群衆の行動に支障をきたすことはない。よって群衆において「個人」という感覚はより希薄なものとなり、われわれは個人を分割可能なものとしてみなすようになってしまう。

しかしそれでもなお個人の概念はわれわれの言語に深く根ざしているものだから、群衆内においても自身を説明する際は、最も使いやすい言葉として個人を考えることになるかもしれない。だからもしそこで他者とつながろうとするのなら、われわれは他者と同じように話しをする必要があるわけだ。しかしわれわれがドゥルーズ＝ガタリを追い求めて彼らの世界に踏み込むならば、そこでどんなに「正直」な発言をしたにせよ、他者からすれば異常な発言に受けとられてしまうので、人々と同じように話すことはますます困難になるだろう。

●抽象機械

ドゥルーズ＝ガタリの考え方は、とりわけ実践的である（「ある機械が与えられているとしても、この機械はいかなることに役立ちうるのか」（Deleuze and Guattari, 1972, p. 3［邦訳書、上一八頁］）。しかし彼らが目指したのは高度な普遍性だった。相互につながった「欲望する機械」の集団から個々人の心理が形成される場合と、個人の集合によって群衆の心理状態が形成される場合の双方に、もし同一パターンを見出すことができたなら、どちらの場合にも同一のメカニズムが働いていることが考えられる。ここで重要なのはこれらのメカニズム、すなわち「機械」である。これは実体的なものであり、効果を生み出すものではあるが、一方で抽象的でさえある。そうしたメカニズムは偶然出会った人であれ、顔なじみであれ、他人どうしであれ、特定の群衆において具体化される。ロマンティックな恋愛感情を持つときや、退屈な仕事に集中できない時間のように、衝動的な思いや理不尽な気分を抱いたときに、われわれはこのメカニズムに気づくことがあるだろう。

たとえば古代カルタゴの女王ディードーは、アイネアスが彼女のもとを去ったあと、愚かにも自ら命を絶ってしまったが、冷静になって考えれば（彼女のロマンティックなイメージは壊れてしまうかもしれないが）、カウンセリングによって彼女を救えたかもしれない。またソグニー村の野生少女は仲間を傷つけるつもりはなかったし、それは不可抗力でもあったのだ（Ballantyne, 2005, p.112）。群衆は、集団になるとそれがサッカーの観衆であれ、ナチの支持者であれ、または理性を失いオルフェウスを八つ裂きにしたバッカンテであっても、個々人であれば考えられないようなことで暴走することがある。しかし状況はさまざまでも、メカニズムは概して同じものである。同様に政治もまたさまざまな部分を結びつける、分散した力学である。それゆえに各部分は互いに異なる考えを持っていたにせよ、群衆の制御できない意志、あるいは個人の抑えきれない衝動が作動する。ドゥルーズ＝ガタリは、プラトンがイデア論で論じたように、抽象機械というものがあるきっかけによって具体化する以前から、すでにそれが何らかのかたちで存在しているという考えを明確に否定する（Deleuze and Guattari, 1980, p. 510［邦訳書、下二五〇頁］）。抽象機械というものは、つねにその都度の状況においてのみ具現化し、次から次へと異なる状況に応じて出現しつづけるものである。

●内　在

前述の両極性、すなわち「内在」と「超越」は、ドゥルーズ＝ガタリの研究において重要なテーマとなる。内在の特性は、ものに本来備わっているものであり、ずっとそこにありつづけるものだが、それらを顕在化させるには特別な状況を必要とする。対して超越の特性は、通常は神や霊界といった外部から訪れるものである。

いつになく暑かったある夏の日の、収穫を終えた畑でのこと。そこは小麦の刈り株と藁、そして粉々になった埃っぽい枯葉で覆われていた。風は止んでおり、畑で見本市が開かれていたので、まわりには大勢の人がいた。そこでは馬を使った脱穀機の紹介とカントリーダンスが披露されていたのだが、あまりの暑さに、みな気乗りがしない様子だった。実際のところ誰もが冷たい飲物を持って日陰に座っている方がましだと思っていたところだ。太陽は容赦なく照りつづけ、地面は熱気を帯びていた。しかしそのとき、何かが私の目を引いた。ほこりまみれの葉がまとまって、まるでフォーメーションを組むかのように、動きはじめたのである。さらにそれは端のあたりが持ち上がり、地面に長くきれいな直線を描きはじめた。その持ち上がった端部はほつれたロープのようにも見えた。やがてそれは畑を横切り、直立しかかると、いつの間にか小さな竜巻として認識できるようになる。そして乾燥した草木の破片によって垂直な柱のようになり、高さはおそらく六メートル近くはあった。しかしそれもやがて畑の端に行き着くと、そこにある木の葉を激しく揺らして消えてしまった。それはただ跡形もなく消えたのだ。木の葉はふたたび穏やかになり、太陽が照りつけた。誰もそこで起きたことに気づいてはいなかった。

この小さな竜巻は、その時のその場所における状況の結果が、まさしく顕在化したものである。ものの動きから、空気中で対流が起こり、ちょうど水が排水口へうずを巻いて流れ込むのと同様に、つよい上昇気流によって回転したのだろう。おそらくこういったことはつねに起こることだが、誰も注意を払わない。それこそこの現象がその状況に内在していたとする説明になりうるだろう。

一方でアンドレイ・タルコフスキー（Andrei Tarkovsky）の映画『鏡』（一九七五年）には、木に囲われ、長い草が生い茂る静かな原っぱに、突如として不可解に風がふく場面がある。それは激しく場面を乱すと、次の場面に切り替わってしまう。そこには解説がなく、われわれはそのシーンについて考えるべきことを知らされない。しかしどういうわけか人はその場面に霊的な印象を抱くのだ。つまり何ものかの襲来があったという、超越的解釈である。これは映画における「超越的スタイル」の良い例かもしれない（Loughlin, 2003）。

タルコフスキーの風はどういうわけか、私が小さな竜巻に遭遇したときの解釈とは異なっている。これは見た目が自然であっても『鏡』における出来事があまりに予想外かつ衝撃的であるために、超自然的なものに感じるからかもしれない。ＤＶＤに付属の冊子を注意深く見てみると、映像には映っていなかったヘリコプターの影に気づくだろう。つまりそれはヘリコプターの下降気流によってつくられたものだったのだ。ヘリコプター自体はその場面に映っていないし、ヘリコプターの騒音は、自然な風の効果音に替えられている。つまりここには「機械仕掛けの神」としてふるまう、映画製作者の手による超越的操作があったということだ。しかし一方の自然というものには、たとえそこに驚きがあるにせよ、「特殊効果」というものはないだろう。

スピノザは、神は自然に内在すると発言したために、アムステルダムのユダヤ人コミュニティから破門された。そのことからもスピノザは内在の概念に深く関わっており、これはドゥルーズ＝ガタリが自らを「スピノジスト」と好んで称する理由でもある。科学は「創発」を分析する際に内在について考察している。創発の特性はその作動が許されたときにシステム内で展開するが、それが初期状態でプログラムされていない予想外の特性を示した場合、特に興味深い。すなわち内在と創発は同一のプロセスにおける異なる側面であり、集団としての創造能力を集団としての生成物に関連づけるものである。

たとえば識別できるような脳がないアメーバ状の生物である変形菌は、それが大群になると迷路のなかでも最短経路を発見できる。しかしこうしたことはアメーバ単体にはできないことだ。集団で行動することによって変形菌はルートを発見し、いかなる超自然的な、もしくは霊的な手引きがなくても、どういうわけかそれが可能になる。この行動は電子的にモデル化することができるが、その電子モデルの美しさは、どのような創発特性が与えられたかを正確に知ることができる点にある。アメーバは自分たちに影響を及ぼす刺激、特に周囲にある他の変形菌生物からの刺激に対して、限られた器官で反応するだけなのだ。

すなわちアメーバ単体では「考える」ことができないが、集団になるとできるようになるというわけだ（**Johnson, 2001, pp.11-17**［邦訳書、七〜九頁］）。マーヴィン・ミンスキー（Marvin Minsky）の『心の社会』（一九八五年）では、タイトルが示すように、脳がこれと類似した方法で作用していると考えている。ミンスキーの専門は人工知能であり、本書で紹介されているのは、驚くほど単純な意思決定、あるいは「認識」的な振舞いが、膨大な数によって相互連結されるとき（こうしたことは脳が明らかに有している能力である）、「思考」と類似した行動を行うというものである。さらには近著である『ミンスキー博士の脳の探検』（二〇〇九年）では、そのことについてより深く考察されている。ミンスキーはそこで、人間というものは感情機械であるとして、コンピュータもそうなり得るだろうと考察している。われわれの心は「個人」の状態からほど遠く、すでにある種の社会として共働する多数性なのだ。「思考」とは呼べないような無意識の身体反応から、そうした（われわれの身体の外側にあるかもしれない）反応を促すものまで、人という存在は全く政治的なものである。

●ネットワーク

ドゥルーズ＝ガタリは一九七〇年代初頭、これまでに見た相互に結びつく広大なネットワーク概念を重要視した[5]。インターネットは一九八〇年代後半からとりわけ大衆レベルにおいて普及したが、彼らはそうした関心の高まりよりも一歩先にいたことになる。社会におけるある集団のつながりが、人々にとってより強く確かなものとなり、人はそれらのつながりを通して自身のアイデンティティを構築していく。当初その考えは非常に不可解と思われていたが、いまや日常生活の隅々にまで浸透することになった。また国際政治のスケールにおいては、中央集権化した樹木《ツリー》構造に対する警告はしっかりと受容されており、一方のローカルレベルにおいては、電子ネットワークの効果が人の能力を向上させるもの、あるいは役立つものとして疑いなく受け入れられている。しかし特にドゥルーズ＝ガタリの論点が際立っているのは、こうした大規模なネットワークに対し、身体内部や身体間のネットワークを結びつけていることだ。そのためにわれわれは、人の気性やアイデンティティといったものを機械製品の初期状態において内在する、創発の特性とみなすようになる。物質や環境、そして創発する意識はすべて近くのものとつながり、最終的にはその他のすべてのものとつながることになる。そうすることで思想に政治的かつ倫理的な次元が与えられるのである。

『資本主義と分裂症』における考察は、科学的な情報に基づいているように思えるものだが、一方で詩的な印象操作や、馬鹿げた推測による非現実的な連想に思えてしまうものかもしれない。しかしより大切なことは、彼らの考察がコンセプチュアルだということだ。彼らは一貫して頑なに、概念《コンセプト》を提示しつづける（プラトンの超越的な「イデア」と取り違えないように断っておくが、「イデア」ではなく、間違いなく「コンセプト」である）。そうした概念は多くの成果をもたらすものと証明されてきたが、議論し尽くされるまでにはさらなる時間を要するだろう。

●身　体

ドゥルーズ＝ガタリの分析で取り上げられる身体観は、一様な制限がないものである。サミュエル・バトラーが指摘したように機械の観点から見るならば、身体が行えることは器官の使用によって可能なことのみでない。たとえば農具を用いることで、人はよりうまく土を掘り起こすことができる。また望遠鏡を通して見れば、人はさらに遠くを眺めることができるだろう。これらの人工装具は、身体の能力を延長し、拡張する。一方で人はそれらの使用を止め、手放すこともできる。それらは必要とすれば人の部分となり、掘る機械、または見る機械として、人が使用することでつねにその一部になる。実際にそれらを使用することが習慣になってしまえば、もしそれらを使用できなくなったとき、人は欠如を感じるとともに、不自由ささえ感じるだろう。それは手や目を失ってしまったときに感じる気持ちと同様なものである（それほどの痛みは伴わないが）。

人体を建物の形体に重ね合わせることは、西洋建築において古くから続く習慣のひとつである（Rykwert, 1996）。しかし人の形体に対するわれわれの感覚というものは、どの時代、どの場所においても同じだったわけではない。西洋建築における上位文化の傾向としては、理想的プロポーションを他から切り離し、人体を原理的かつ重要なものとして建物の形体になぞらえ、設計に応用した。ウィトルウィウス（Vitruvius）は人間像のまわりに正方形と円を内接させている。もちろん人体の外観に正方形や円はないのだが、それは重要な何かを具象すると考えられた。たとえばルネサンスにおいては、正方形のグリッド上に人間像を重ね合わせることで、教会堂の地上階平面図を描いていた。それによって神々しく秩序あるプロポーションが示されたのである。しかしそれはドゥルーズ＝ガタリ＝世界における身体とは、完全に異なっている。すなわち彼らによる身体とは排便や性交をし、生産と消費のプロセスに従事し、外観のみならず内観を持つものであり（あるいはむしろ内観と外観は区別がつかないものであり）、それ自身の内側とその周囲とが多種多様な方法でつながるものである。

そしてその最も基本的な状態が「器官なき身体」だ。これはドゥルーズ＝ガタリが抽象的概念に展開した用語であり、多くの文脈の中で再領土化させるものである。それは「残酷演劇」の劇作家アントナン・アルトー（Antonin Artaud：1896-1948）による最後の作品で示された用語を語源とする。その作品『神の裁きと訣別するため』はアメリカと神を批判したものであり、精神病院におけるアルトーの長年にわたる苦しみの傷跡を伝えている。もともとは一九四七年十一月二八日のラジオ放送を目的としていたが、その放送自体は中止になってしまった[6]。「……しかし器官ほどに無用なものはないのだ。人間に器官なき身体を作ってやるなら、人間をそのあらゆる自動性から解放して真の自由にもどしてやることになるだろう」（Artaud, 1947, p. 571〔邦訳書、四五頁〕）。この記述において器官なき身体は、すべてが可能になる理想状態として示されている（よりわかりやすくいえば、そのような身体は昏睡状態にあり重度の精神障害があることになる）。これは政治や自己を持たず、脱領土化され、さらには脱社会化された、群れから離れて迷う羊の状態なのである。この混乱した状況において、先人から引き継がれてきた遺産や習慣は失われてしまっている。

しかしアルトーの場合、それはさらに踏み込んだものになっている。すなわち彼は神経衰弱を患っている間の、自身がいかなる形象も、いかなる形体もなく存在していたときに、この器官なき身体を発見した（Deleuze and Guattari, 1972, p. 8〔邦訳書、上二六頁〕）。そのときの彼は、世界内存在として確立された自己感覚を持つ社会集団から遊離した存在であったと同時に、反省的に確立された自己感覚を持つ欲望する機械集団からも遊離した存在であった。要するに彼は、自らのアイデンティティを完全に喪失していたわけである。

ドゥルーズ＝ガタリはこの器官なき身体の感覚、すなわち相互作用や反応、もしくは概念によって構成されない緊張病の身体感覚を取り上げた。そうした感覚はそれ自体が脱領土化されることで、あらゆる習慣とアイデンティティの不在を漠然と示す流動的概念になる。器官なき身体は緊張病を弄び、自身のアイデンティティを停止させることでつくり上げられる。われわれは前日の習慣を繰り返すことでうまく機能してきた常識的安定の世界、すなわち現実の世界から、いかなることさえ起こり得る潜勢の世界へと踏み出してゆく。それはヒュームが哲学を行っているとき、結果としてその自己感覚を喪失してしまった状況と同じことである。シュレーバー控訴院長も同様に、自身の身体やそこで生じていることとの概念化に問題を抱えていた。「彼は長いあいだ、胃も、腸も、ほとんど肺もなしで生きてきた。食道は裂け、膀胱はなくなり、肋骨は砕け、ときには自分の喉頭の一部分を食べてしまったこともある、という具合であった。しかしいつも神の奇蹟が、破壊されたものを再びよみがえらせるのだった……」（Freud, 1911, p. 147（Deleuze and Guattari, 1980, p. 150［邦訳書、上三〇八頁］に引用）。

器官なき身体とは「潜勢的に」人があり得たであろう、すべての可能性のことである。しかしその状態にいる人は、「現実的には」何者でもないだろう。潜勢態を現実化するためには、ひとつの可能性の実現として、潜勢態におけるいくつかの段階を概念化してゆく必要がある。なぜなら器官なき身体としての人はいかなる概念も持ち得ないから、器官なき身体が続く限り、緊張病の状態に陥るからである。すなわち潜勢とは前-可能な領域のことであり、そこには他の可能性として何があり得たか、などという概念はない。もしそこで何かが起こる場合には、案内や予告といった他の可能性が示されぬまま、引き起こされてしまう。

こうした創発の特性は、いつかは晴れるであろう霧のようなものだが、その結果がどんなものになるかの感覚は持ち得ない。シュレーバーの現実化は可能性の範囲が示された特異な事例であったのであり、異なる時代における異なる文化において、身体は多種多様な方法で概念化されてきた（たとえば **Feher, 1989** を参照）。器官なき身体とはすべての現実的な選択肢以前に、それを超えて存在するものである。

器官なき身体とは、あらゆるものを取りはらってしまった後に、まだ残っているもののことだ。そしてわれわれが取りはらってしまうのは、まさにこの幻想、つまり意味と主体化の集合なのだ。しかし精神分析は全く逆の道を歩むのだ。すべてを幻想に翻訳し、すべてを幻想で勘定し、幻想を厳守するので、とどのつまりは現実をとらえそこなってしまう。なぜなら精神分析は器官なき身体をとらえそこなっているからだ。（Deleuze and Guattari, 1980, p. 151［邦訳書、上

三一一頁〕）

器官なき身体は、外部から与えられる概念的な器官を持たない純粋な内在（「内在平面」）であるから、超越的なものは何もない。「結局、器官なき身体に関する偉大な書物は、『エチカ』ではないだろうか」（ibid., p. 153〔前掲書、上三一五頁〕）と彼らは述べており、「すべての器官なき身体はスピノザをたたえる」（ibid., p. 154〔前掲書、上三一六頁〕）とも述べている。

要するに「器官なき身体」は創造力の状態であるから、既存の概念に意味はない。それはデザインが形になる前の状態のことであり、そこにはすべての可能性が内在していることになる。つまりデザインはこうあるべきだ、などという常識的な先入観を抱かせない状況を保っているとも言えるだろう。そしてそこに刺激や痛みといった逃走線を促すことで全体構成がまとまると、構造やディテール、「中心思想《ライトモティーフ》」といった、形体の起源《ビギニング》を与えることになる。そのプロセスが目指すのは初期条件に内在するはずのデザインであり、「環境《ミリュー》」内におけるさまざまな力の作用によって現れるデザインなのだ。それは決められた形体として外部から強いられるものでなく、その物の性質が内側から働きかけた結果であり、さらには「環境《ミリュー》」と限界まで拡張したネットワークの絶え間ない影響によるものである。またもしそれが、より広い世界のイメージを持ち得た場合には、特に分子レベルにおいて種々の外観をまとめ上げることで、デザインは多くの方法により具体化できるだろう。それは軟体動物が殻に住むように、住む人の延長になるような家において最も明確に見ることができるものだ。

「家は人間の殻であり、延長であり、解放であり、精神的な発散である」とアイリーン・グレイ(Eileen Gray)は述べている[7]。つまり住居は、人が自らの人生を生きることを可能にさせるものである。もし住む場所や状況が異なれば、人生もまた異なったものになり、そこでの人間関係や出会いのみならず、身に降りかかる障害さえも異なるものになるだろう。すなわち先に述べたバトラーと同じく、人が住む家というものは生きたものであるから、死んでいるものだと言うことはできない。欲望する機械によって身体に生命が吹き込まれ、形づくられるのと同様に、家もまたそこに暮らし、その家を生き抜いた機械によって生命を宿すのだ。そういった状況において、われわれはカテゴリーの境界線をどこに引けばいいのだろうか。おそらくドゥルーズ＝ガタリによって描き出される論理は、われわれが持っていた諸カテゴリーを互いに溶け合わせることになる。そこで示される住居というものは、住人の行為が具現化したものとして、人の願望と欲望を備えた実体となるだろう。人が住み、訪れる家というものは、人間が関わりを持つことで生命を吹き込まれる感情機械なのである。

【注】

1 サミュエル・バトラーによる『機械の書』の残りの文章は、バランタイン（Ballantyne, 2005, pp. 126-43）に記載している。

2 翻訳ではフランス語の「bourdan（マルハナバチ）」をバトラー独自の（今では古風な）「humblebee」から現代的「bumblebee」に変更している。プルーストの作品においても蘭と「bourdon」（wasp スズメバチであり、guepe 蜂ではない）の間の色情的な出会いがある。それは第一部の「ソドムとゴモラ」で起こり、終始植物の雄しべと虫がぶつかる色情的なイメージが使用されている。しかしドゥルーズは、プルーストについての著作（一九六四年）ではそのことについて述べていない。ドゥルーズ＝

ガタリによる「マルハナバチとキンギョソウの結婚」（1994, p.185〔邦訳書、三一二頁〕）も参照のこと。『アンチ・オイディプス草稿』について紹介する編者序「スズメバチと蘭の愛」（ステファン・ナドー（Stéphane Nadaud）、Guattari, 2005 所収）では、ドゥルーズ=ガタリはそれらの主人公と化している。

3 監督スパイク・ジョーンズ（Spike Jonze）、脚本チャーリー・カウフマン（Charlie Kaufman）による映画『アダプテーション』（二〇〇二年）。ノンフィクションである『蘭に魅せられた男』（Orlean, 1998）の脚色であり、ハリウッド向けの精巧なフィクションになっている。

4 種子を持つ植物による西欧的農業と、塊茎による東洋的園芸について、播くことと突き刺すことの対立や、動物の牧畜法におけるさまざまな相違については、オドリクール（Haudricourt, 1962 ; 1964）を参照。トウモロコシとコメはその反論とはなりえない――それらは「塊茎の栽培者たちが後れて採用した」穀類であり、塊茎と類似のやり方で扱われているのだ。コメが「タロ芋の畝に生える雑草として姿を現した」ことは大いにありうる（ドゥルーズ=ガタリによる原注、Deleuze and Guattari, 1980, p.520〔邦訳書、上三四三～四頁〕）。

5 コンセプトはおそらく『アンチ・オイディプス』においてすでにあったと思われるが、一九七六年にリゾームというタイトルの本を出版し、後に『千のプラトー』の序章で採録された。

6 その日付は、『千のプラトー』における「一九四七年十一月二八日――いかにして器官なき身体を獲得するか」という章の題（Deleuze and Guattari, 1980, p.149〔邦訳書、上三〇五頁〕）に示されており、重要さが強調されている。アルトーの「器官なき身体」についてはガタリとの共著より以前にドゥルーズの研究に記載されている（Deleuze, 1969, p.88〔邦訳書、上一六二頁〕）。

7 ピーター・アダム（Peter Adam）によるアイリーン・グレイの引用（Adam, 2000, p.256）。

第3章　家　*House*

●プラトー

「プラトー」とは力が比較的安定した仕方で相互に作用する、外部からの干渉がない空間のことである。そこでの状況は変化することがあっても、その変化は内部から起こる。さらにそこでは創発現象が生じるが、システムは自らを超えた場所から目的を与えられることはなく、また外部からの要求に従ってシステムが中断されることもない。一方でそこには永続的な安定性という観念があるため、人はその場所を離れて彷徨うことができ、再び戻った際にもそこを以前とほぼ同じものとして感じるのである。これは器官なき身体がプラトーであるのと同様に、瞑想的心理状態、あるいはむしろ緊張病と関連するものだろう。

ドゥルーズ＝ガタリは、グレゴリー・ベイトソン（Gregory Bateson）によるバリ島の文化における価値体系の分析から、その思想を展開した。バリ島の文化においては安定状態をできるだけ維持する方法が模索されており、そこでは力を平衡状態に保とうとする。すなわち他を犠牲にすることで自らの価値を高めようとする西洋文化とは大いに異なることが述べられている[1]。バリ島の音楽には高揚感よりも催眠作用があり、そこでの富は蓄積されず、むしろ進んで消費されてゆく。

一方でプラトーはまた大地の一部であり、この大地という語も、ドゥルーズ＝ガタリの世界においてさまざまに意味づけられたものである（すなわち領土化の「土」であり、器官なき身体を新しい形状として再-形成するものである）。

これらと関連してノマド（遊牧民）的思考の概念がある。これは脱領土化しながら「大地」を彷徨い、さらなる再領土化を探し求めるものである。しかしドゥルーズ＝ガタリ＝世界におけるノマド的思考とは、世界中を旅行気分で巡ることではない。むしろその反対に、自分の部屋から一歩も外に出ることなく起こり得る。それは（道に迷って）領土から離れてしまい、ノマドのようになった定住された羊の心理状態と関係があるだろう。

最もよくあることは、こういった脱領土化がすぐさま次の再領土化によって取り戻されて、ある常識の枠組みから別の常識の枠組みへと切り替わってしまうことである。人間の

パウル・クレー「The Twittering Machine」（1922/©Artists' Rights Society）

思考はこの切り替わり状態においてノマド的になっていく。そうした切り替わりの中間状態に、もし「アットホーム」な気分を感じるようになったなら、人は完全にノマド的思考になるだろう。そしてさらにそれが習慣化すると、そうした中間状態においてさえ人は自らのアイデンティティを確立するようになる。しかしつねにこのような脱領土化と再領土化の中間にいることは、他者との関係において現実的な不都合が生じることにもなるだろう。そのためノマドとして彷徨う前に、あらかじめどこか常識の場を「訪問」しておくことや、必要に応じて「みんなと同じように話す」ことが役に立つ。

建築家は建設に携わるさまざまな人々と仕事をし、それを日常としている。エンジニアや積算士、施工者たちの集団は、建物の完成にむけて共働するが、各々はそれぞれの専門用語を持ち、独自の考え方と概念を持っている。これらの異なる概念によって、各専門家はその専門知識を活用することができるのだ。

そしてもう一方には利害関係者の集団というものがある。それはタウンプランナー、建物管理官、消防検査官等といったより広い社会における代表者たちである。彼らは建物が利用者にとって安全で、隣人が納得できるものであることを保証する人々だ。そして建物の委託者や利用者たちと同様に、彼らもまた独自の考え方や話し方を持っている。たとえば商業的な「環境《ミリュー》」では、会計士が問題を解決しない限り建物を実現することはできない。そしてそのような観点から捉えた建物は、そこで働くことになる受付係、清掃係、もしくは役人たちの観点から捉えた建物とは全く違った印象に映ることになる。建物はさまざまな視点においてそれぞれの道理にかなうように、記述（設計）と再記述（再設計）を行うことができる。もちろんそのすべてにおいて道理にかなうことは理想だが、実際には齟齬が生じることもあり得るだろう。

ドゥルーズ＝ガタリの用語を用いれば、こうした異なる考え方は、異なる「平面」の建物をつくり出す（フランス語では「計画（plan）」と「平面（plane）」は同じ意味である。しかしドゥルーズ＝ガタリの翻訳者たちは訳語に「平面（plane）」を使用する。もし訳語に「平面図、計画（plan）」を使用していたならば、それが建築に起源を持つ概念であることがより明白になっただろう）。たとえば施主と空間についての打ち合わせに使う「平面図（plan）」は、電機技術者に対して設備計画の打ち合わせに用いる「平面図」とは異なるものである。同様に建設工事計画とコスト計画についての説明書も基本的に異なるものになるだろう。すなわちこれらの平面《プレーン》は交差するのだ。なぜなら、もし建物の建設方法が変更になれば建設費に影響するが、たとえひとつの平面を変更しても他の平面で変更が予想されるとは限らないからである。

またドゥルーズ＝ガタリの文章に、「se rabat sur」という表現が出てくる。文字通り訳すと、投影幾何学の表現である「上に折りたたむ《ラバット》」という意味になる。たとえばある角度で空間を横切る面《プレーン》に、それとは平行でないある長さを持った直線を投影《プロジェクト》すると、その投影された面においてその直線は実際の長さより短く見えてしまう。直線がどれくらい短く見えるかについては投影面との角度によっている。これはスロープを平面図に描くとき、あるいは垂直投影面に対して角度を持った壁を立面図《プレーン》に起こすときに生じるものである。このようにして建物の基準階平面図を用いて、仮に建物の高さを十階分増やしたとしよう。そのとき平面図では変化を識別できるような影響は出ないかもしれない。ただ構造的に柱を太くし、エレベーターの台数を増やすくらいの変化にしかならないだろう。しかしその一方で他の側面《プレーン》、たとえば立面図では建物の外形に著しい変化が生じることになる。さらにドゥルーズ＝ガタリのやり方でこのシステムを展開させると、もし建物の構造フレームをコンクリートから鉄骨に変更すれば、それがコストの面《プレーン》における小さな削減として「跳ねかえる《ラバット》」かもしれない。またはエレベーターの速度が上がれば「ユーザー満足度」の面《プレーン》において顕著な増加があるかもしれない、といったことだ。一方でそうした変化というものが非線形的に生じる場合もあるだろう。それは人形使いの手による動きの変化が、その真下にあるステージ上での人形の動きとは、似ても似つかないのと同じである（Deleuze, 2003, p. 11〔邦訳書、一三〜四頁〕）。

ここまで紹介した例は容易に理解しやすいものだろうが、仮にドゥルーズ＝ガタリが頻繁に参照する平面というものが、器官なき身体における脱領土化の平面、すなわち「存立平面」のことであり、それが常識的世界の完全な外部に置かれるような「生成する」平面だと気づいてしまうと、急に複雑なものになってしまう。しかしドゥルーズ＝ガタリが繰り返し述べているように、形のない潜勢態の脱領土化された状態においてこそ、そこに欲望する機械が作用することによって、現実態が立ち現れることだけは確かなのである。

●現実態の建物

ドゥルーズ＝ガタリの著書が機械であるように、建物もまた機械である。私が建物に出会うと、逃走線や脱領土化といったある種の情動が私のなかで生じることがある。しかしその場合、建物が私にどんな情動を生じさせるかは、私がその建物に自身の一部として何を関係づけるかに拠っている。それは私の経験や、本を読んで得た知識であったり、ときには建物に想起されたまとまりのないイメージであったりもするだろう。すなわちこうした経験や知識、イメージといったものは個人的なものである。ある建物は幼少時の楽しかった場所を思い出させるかもしれないし、あるいは突然憂鬱な気分に襲われた場所を想起させるかもしれない。もしそのようなことが起こるのならば、実際の反応として建物は私の内面につよい影響を及ぼすことになる。ことによると私の脈は早くなり、過呼吸を発症することさえあるだろう。そうした場合、私に影響を及ぼした反応として建物はつよい意味を持つことになる。とはいうものの、結局それらもまたそれ以上の意味を持つものではないかもしれない。なぜならそれはデザイナーが意図したことではないし、他者と共有できることでもないからだ（たとえば「私」は実際の反応として建物にあることを感じたとする。つまりそれは「私」の反応だ。一方で「あなた」はそれを私が勝手に想像したのだと言うだろうし、もちろんそれは私が想像したことには違いない。しかしそれは建物が働きかけてきたがゆえに、私が想像したものだから、それは「私にとって」は十分に現実的だ）。

一方でそれとは異なる種類の反応もあり、相手の意図を汲み取ったり、教養を通じたりして生じるものである。私が建築を学んでいたがゆえに、たとえば目の前の建物がルイス・カーン（Louis Kahn）の形体表現を引用しているとわかってしまえば、私はその建物を多少は洗練されたものと感じながらも、その設計者の奥に潜む模倣の野心を見てとるだろう。すなわち私が建物をこのように理解するのは、人生経験の一部において建築形体についての特別な知識を意識的に習得してきたからである。もし私がそのような人生を過ごしていなければ、違った見方でその建物に向き合っただろう。もしかすると何か建物について特別なことを思い出すかもしれないし、思い出さないかもしれないわけだ。

ここでの要点は建物によって情動が生み出されるということだろう。それらは現実的なものではあるが、建築物それ自体からのみ生み出されるものではない。そうした情動は、建築物と人とが接触し、人々が教養も含めた人生経験を通じて、いわばさまざまな仕方で「準備できている」ときに生み出されるものである（フランス語の「formation」はより想像力を掻き立てるものであり「トレーニング」とも訳される）。どんな芸術作品もそうだが、建物もまた感覚と情動の集合《ブロック》（bloc）である。出会いとは経験、すなわち実験なのだ。「経験（experience）」と「実験（experiment）」の二つの単語は、フランス語では、「expérience」（経験をする（avoir une expérience）、実験をする（faire une expérience））というひとつの単語に訳される。ドゥルーズ＝ガタリ＝世界においても同様に、人生の経験はつねに実験でもあるだろう。建物に対する人の反応とは、その人が自分はいったい何と向かい合っているか、を考えることに拠っており、その建物のうちにどのような「建築」を読み込むかということである。

たとえば貧しい木こりが建てた、とてもシンプルで小さな住居について考えてみよう。それは畑から拾われた石や、森で伐採された木材といった身近な材料でつくられている。そしてあくまでも生真面目に、特別なことをせずつくられているものである。ジョン・クレア（John Clare：1793-1864）がそうしたものから想起したのは、質素で穏やかな場所であった。一日の仕事が終わり、彼は山荘に戻り「自分のコーナーチェアと暖かくて心地よい暖炉の火を求めた」（『*The Woodman*』, 1819, line 135）のであり、イングランドの王様になるよりも子供たちとともにいることを望んだのである。家事にいそしむ妻はその情景の中で重要な部分となる。

その詩は風変わりな書き方で詠まれている。

つつましい女房の夕餉はもうすぐだ
家族への心くばりが彼女の仕事
悪がきどもを叱りつけ、
稼ぎもないのに壊してしまう、とぼやいてる
やぶけた服を繕っては縫い合わせ
上品な淑女さまでは見るに耐えない

汚い家とぼろの納屋
これらが仕事で、喜びなのだ
寝床と子らをこざっぱりと片づける (ibid., lines 154-62)

クレアが生まれた年は、フランスの王妃マリー・アントワネット (Marie Antoinette) が処刑された年だった。彼女がベルサイユに小屋を並べて村落をつくらせたことは有名だが、宮廷生活の厳格な慣習から逃れ、ミルクメイドのような質素な生活が送れることを、彼女は他の誰でもなく自らに言い聞かせていた。クレアによる森の小屋とマリー・アントワネットの小屋の間にたとえどんな類似点があったとしても、それらは異なる建築に帰結すると断言できよう。機械についての考えに戻れば、「木こり=小屋」機械は「マリー・アントワネット=小屋」機械と全く異なるものを生産するだろう。すなわち木こり=小屋は、木こりにとっての殻であり、生き抜くために必要な基本的装備品の一部であった。一方でマリー・アントワネット=小屋は、言うなれば「装飾された小屋」であり、住居からかけ離れた装飾的建物として、情緒にひたる効果を目的として建てられた。一八世紀文学のミルクメイドに与えられた役柄によって、彼女たちの無垢な「純朴さ」が、結果的に媚態という固定観念を確立させたことは確かである (後にイギリスの笑劇において「フランス・メイド」のイメージで演じられる役柄だ)。マリー・アントワネットがつくらせた村落には、おそらくロマンティックでエロティックな雰囲気があったに違いない。しかし「建築」という意味で、二つの建物の間に共通するものは何もない。なぜなら建築は、いかなる機械として建てられたかが問われるからだ。すなわち木こり＝小屋の方は世界の中心であり、火のそばで民話が語られる場所であっただろうが、「装飾された小屋」は娯楽のため、または孤独な瞑想や逢引きのため、そして読書をするための場所だった。つまりクレアの木こり小屋にマリー・アントワネットが引っ越したとしたならば、そこは違った使われ方をしただろう。すなわちそこに異なる機械が構成され、異なる情動が生まれたに違いない。(Arnold and Ballantyne, 2004)。だがしかし、おそらくクレアの詩は木こりの小屋においてよりも、「装飾された小屋」でより多く読まれただろう。ドゥルーズ＝ガタリの世界では、芸術は人間に先行する起源を持つとしている。つまりそれは家とともに始まり、歌とともに始まるものだ。

芸術は、おそらく、動物とともに始まる。少なくとも、テリトリーを裁断し家をつくる動物とともに始まる（テリトリーと家は、相関項であり、あるいはアビタ〔生息地、住居〕と呼ばれているもののなかで、ときには混同されることさえある）。〈テリトリー＝家〉というシステムによって、性行動、生殖、攻撃性、餌の獲得といった、多くの有機的な機能が変化する。だが、領土《テリトリー》と家の出現を折り開く〔説明する〕のは、そうした変化ではない。むしろ、逆であろう。すなわち、テリトリーが、純粋な感覚されうる質の、つまりセンシビリアの発現を折り込んでいる〔含意している〕のであって、このセンシビリアは、機能的でしかないという状態をやめ、機能の変化を可能にする表現特性へと生成するものなのである。なるほど、そうした表現性はすでに生のなかで拡散してしまっているし、野に咲くありふれた百合でさえ天の栄光を祝うと言うこともできよう。しかし、テリトリーと家によってこそ、そうした表現性はものごとを構築するようになる。そして、感覚されうる質から新たに因果性や合目的性を引きだす前にその質を祝うような或る動物的なミサの儀式的モニュメントを、そうした表現性は打ち立てるのだ。外界のマテリアルの処理に関しても、動物の身体の姿勢や色に関しても、また、テリトリーを印づける鳴き声や叫び声に関しても、そのような質の発現こそが、すでに芸術に属しているのである。それは、特性（線）、色、音の噴出であって、それらは、表現的なものに生成するかぎりにおいてたがいに切り離しえないのである（哲学的なテリトリー概念）。オーストラリアの多雨林に棲む鳥、スキノピーティス・デンティロストリスは、毎朝あらかじめ切り取っておいた木の葉を下に落とし、それを裏返すことによって、色の薄い裏側を地面と対照させ、こうしていわばモダンアートにおけるレディ・メイドのような情景をつくり、そして、その真上で、蔓や小枝にとまって、くちばしの下に生えている羽根毛の黄色い付け根をむきだしにしながら、或る複雑な歌を、すなわちスキノピーティス自身の音色と、スキノピーティスがその間、断続的に模倣する他の鳥の音色によって合成された歌を歌う――この鳥は完璧に芸術家である。(Deleuze and Guattari, 1994, pp. 183-4［邦訳書、二〇九～二一〇頁］)[2]

さらにドゥルーズ＝ガタリは「反復句《リトルネロ》」によって構築される影響について『千のプラトー』で以下

のように論じている。

暗闇に幼な児がひとり。恐くても、小声で歌をうたえば安心だ。子供は歌に導かれて歩き、立ちどまる。道に迷っても、なんとか自分で隠れ家を見つけ、おぼつかない歌をたよりにして、どうにか先に進んでいく。歌とは、いわば静かで安定した中心の前ぶれであり、カオスのただなかに安定感や静けさをもたらすものだ。子供は歌うと同時に跳躍するかもしれないし、歩く速度を速めたり、緩めたりするかもしれない。だが、歌それ自体がすでに跳躍なのだ。歌はカオスから跳び出してカオスの中に秩序を作りはじめる。しかし、歌には、いつ分解してしまうかもしれぬという危険もあるのだ。アリアドネの糸はいつもひとつの音色を響かせている。オルフェウスの歌も同じだ。(Deleuze and Guattari, 1980, p. 311〔邦訳書、中三一七頁〕)

外界は近づけないか、もしくはフィルターを通して制御された状態となり、内部に受け入れられる。つまり内部を助け、内部の働きを保持したときにのみ、外部から何ものかを受け入れることができるのだ。

声と音の成分は特に重要だ。それは音の壁であり、少なくとも壁の一部は音響的なものである。一人の子供が、学校の宿題をこなすため、力を集中しようとして小声で歌う。一人の主婦が鼻歌を口ずさんだり、ラジオをつけたりする。そうすることで自分の仕事に、カオスに対抗する力をもたせているのだ。ラジオやテレビは、個々の家庭にとっていわば音の壁であり、テリトリーを標示している（だから、音が大きすぎると近所から苦情がくるのだ）。都市の建造とか、ゴーレムの製造といった崇高な事業を起こすときにも、やはり輪が描かれる。だが、とりわけ重要なのは、子供が輪になって踊るのと同じように、輪の周囲を歩き、子音や母音を組み合わせてリズムをとり、それを内に秘められた創造の力や、有機体の分化した部分に対応させるということである。速度やリズムやハーモニーに関する過失は破局をもたらすはずだ。それはカオスの諸力を回復させ、創造者も被造物も破壊することになるからである。（Ibid., p. 311〔前掲書、中三一八頁〕）

一度この「家」が確立されれば、人は危険を冒してでも外へと踏み出し、外界と交わることが可能になる。人は心臓の鼓動や血の脈動による反復句（小曲）の生成的で創発的な役割を理解するが、それは外界との関わり、すなわち宇宙への展望との関わりを伴うものである。

ドゥルーズ＝ガタリは、古生物学者のアンドレ・ルロワ＝グーラン（André Leroi-Gourhan：1911-1986）の研究に影響されている。ルロワ＝グーランは初期の文化的現象の出現、具体的には人類の誕生について、確かな情報に基づいた調査と考察を行った。考察の一部は人類の誕生以前とも関係している。そうした世界に登場した諸概念についての議論の中で、特に「最初のきちんとした家」との関連において、彼はリズム現象に注目し（Leroi-Gourhan, 1964, p. 314［邦訳書、四九〇頁］）、二つの相関する空間図式、すなわち「巡回」と「放射」を提唱している。この「巡回空間」とは定住型の領土的空間であり、中心（穀物倉庫）の周囲に同心円を組み立てていくこと、つまり「未知の限界まで薄れながら拡がっていく輪を、自分は動かずに、まわりに次々と描くこと」（ibid., pp. 325-6［前掲書、五〇八頁］）であるとする。反対に「放射空間」は、ノマド的狩猟＝採集者の空間であり、自分の領土を歩き回り、道筋に沿って世界像を与えてくれる（ibid., pp. 326-7［前掲書、五〇八〜一〇頁］）。

人間というものは、生存の一部を人工的な隠れ場で過す哺乳類の部類に属している。この点で、人間はサルと異なっている。最も進化したサルにしても、一夜を過ごす場所を簡単にしつらえるだけのことしかしない。かえって人間は、数多くの齧歯類に近いのである。それらはしばしば、きわめて入念な穴、つまり生存領域の中心となり、しばしば食物の貯蔵所にもなる穴をもっている。……頑強な科学的伝統があって、先史時代の人間は洞窟に住んでいたと考えたがる。もし、それが正確なら、人間と同じく雑食性で蹠行するクマやアナグマとの興味ぶかい対比が可能となろう。しかし洞窟が住める状態にあったばあいに、人間がときおりこれを利用した、というほうがより正確である。統計的にいって、圧倒的に多くのばあい、人間は戸外で生活し、資料が残っている時代のころには、隠れ場をつくって住んでいた。（ibid., p. 318［前掲書、四九九〜五〇〇頁］）

動物と人間の行動における連続性について、ドゥルーズ＝ガタリによる研究でも同様の主張が見られる。その意味するところは、進化の初期段階で獲得されたメカニズムはわれわれに受け継がれており、状況に応じてしかるべき機械がメカニズムを構成するとき、その原初のメカニズムが作動するというものだ。すなわち渡り鳥はノマド的だが、鳴き鳥は領土的なのである。そしてモニュメントとは反復句だ（Deleuze and Guattari, 1994, p. 184〔邦訳書、三一一頁〕）。また人工的な環境を含む自然は、多声的《ポリフォニック》である。

それぞれの種は知覚や概念、そして情動によってつくられる独自の世界を持つだろう。それぞれは自らのパターンを認識し、各々の反復句を持つ。たとえばクモがその内部にハエの一部を持っているように、それらの領土は交差する。

クモの巣が、クモのコードにハエのコード自体の諸系列を取り入れているということは、これまでにもたびたび指摘されてきた。クモはまるでハエのことを念頭に置いているかのようだ。ハエの「主題」を、ハエの「反復句《リトルネロ》」を考慮しているかのようだ。取り込みの関係が相互的になることもある。スズメ蜂と蘭の花、あるいは金魚草とマルハナバチの場合がそれだ。J・フォン・ユクスキュルはこうしたコード変換を見事な理論にまとめ、すべての成分のなかに対位法を形作るメロディーが含まれ、あるメロディーが別のメロディーの主題となり、しかもこの関係は相互的になっているということを発見した。自然は音楽に似ている。（Deleuze and Guattari, 1980, p.

314〔邦訳書、中三二四～五頁〕)

ユクスキュルによる自然の対位法についての理論は、アムステルダムのコンセルトヘボウにおいて熱心に総譜を読みながらマーラーの交響曲に聴き入っていた青年との出会いに触発された（この話の展開と内容からすると、それが第三番であったと仮定する。「牧神が目覚める」「野の花たちが私に語ること」「森の動物たちが私に語ること」等）。本来音楽は総譜がなくても直接体験できるはずのものだから、総譜を手に音楽を聴く青年の行動を、ユクスキュルは奇妙に感じた。しかし青年は、総譜からの情報が加わることで、いまここで起きている以上のものが聴こえてくるのだ、とユクスキュルに説明をした。青年によると「総譜を読んでいくと、教会堂の柱がすべてを包みこむ円天井を支えているのと同じような、個々の音声の成長と分岐のあとを追うことができる」と言う（Uexküll, 1934, p. 147〔邦訳書、一二〇七頁〕）。そこでユクスキュルは、自然生態学のように機能する、それぞれの歌い手と楽器による音の相互依存をそこに見出した。すなわちそれぞれは独自の個性を持ちつつも、ひとつの全体をつくり出すというものだ。そして生物学者としての彼の課題が、自然の総譜を書くことに定まったという。ユクスキュルの洞察をドゥルーズ＝ガタリは熱意をもって取り上げる。

軟体動物の家としての殻は、軟体動物が死んだとき、ヤドカリの対位旋律へと生成する。というのも、ヤドカリは、泳ぐためではなく、つかむための尾部、つまり空いた殻の捕獲を可能にしてくれる尾部によって、その殻を自分自身のアビタにするからである。ダニは有機的に構築されている動物だが、それは、ダニの対位旋律が、ダニがいる枝の下を通りかかったときに、そのダニが落下してゆく何かの哺乳動物に見出されるような仕方で構築されているのであり、それはちょうど、かわら状に並んだカシの葉の対位旋律が、その上に流れ落ちる雨の滴に見出されるようなものである。以上のような理解の仕方は、目的論的ではなくメロディー的な理解の仕方なのであって、その場合にはもはや、何が芸術（技術）に属していて、何が自然に属しているのかはわからない（「自然の技術《テクニック》」）。まるでマルハナバチとキンギョソウの結婚のように、ひとつのメロディーが他のメロディーのなかに「モチーフ」として介入するたびごとに、対位法が存在するのである。以上のようなさまざまな対位法の関係によって、いくつかの平面（部分面）が接合され、いくつかの諸感覚の合成態、集合《ブロック》（*bloc*）が形成され、いくつかの生成が規定されるのだ。けれども、自然を構成しているのは、以上のような一定のメロディー合成態ではない。たとえ一般的な意味でのメロディー合成態であってもである。別の観点からすれば、さらに、《家》から宇宙に向かって、内部感覚から外部感覚に向かって、無限のシンフォニー的合成＝創作平面が必要である。なぜなら、テリトリーは、部分面の孤立化や接合をおこなうだけではないからであって、さらにテリトリーは、コスモスの諸力、すなわち、内部から上昇してくるか、あるいは外部から到来するコスモスの諸力に開かれていて、しかもテリトリーは、住人へのおのれの効果を感覚されうるようにするのである。（Deleuze and Guattari, 1994, p. 185〔邦訳書、三一二～三一三頁〕）

音楽と自然におけるパターン認識の重要性について、ダグラス・ホフスタッター（Douglas Hofstadter）による著書『ゲーデル、エッシャー、バッハ』（一九七九年）に収められた「心と機械の比喩的なフーガ」では、それを創発する現象として、さらに探求がされている。これは人工知能に関して基礎となる研究のひとつである。当然ながらヨハン・ゼバスティアン・バッハ（Johann Sebastian Bach：1685-1750）は対位法概念の象徴的存在であるから、バッハを考察対象として分析することにもはや驚きはないだろう。ホフスタッターの影響は非常に大きいのである。ドゥルーズ＝ガタリが賛同するユクスキュルによる自然の捉え方は、自然もしくは、少なくとも自然の楽譜のうちには、バッハに似た感覚が内在、浸透していることを推察している。

同様にプルーストはまた、人間を自然から引き離してはならないことを、ブルジョア社会において見出していた。シャルリュス男爵が自身を鼓舞するために鼻唄を歌いながら、（仕立屋ジュピアンとの）さらなる性の出会いを求めて出発する場面がある。この時点での文章を読むかぎり彼の目的は完全には明らかでないが、以降の文章でその場面を小さなフーガに変えると明白になる。「シャルリュス氏が大虻のようにブンブン唸りながら門を出たのと同時に、もう一匹、ほんとうの虻が中庭にはいってきた。これが蘭の花の待ちわびていた、それが来なければいつまでも処女でいなくてはならぬ珍しい花粉を持ってきた主でなかったかどうかを誰が知ろう」。ここで比喩として蘭の花が再び登場する。「しかし私は昆虫の愛の乱舞をいつまでもじっと観察していられなかった。というのは、二、三分すると、私の注意をそれよりも一層そそりたてるように、ジュピアンが、……帰ってきたのだ。男爵がその後についてきた」（Proust, 1913-27, 4, p. 7〔邦訳書、第四巻一三頁〕）。ここでは「反復句《リトルネロ》」が、登場人物であるヴァントゥイユが作曲した感動的な「小さなフレーズ」において幾度も繰り返されている。それは物語における小曲なので、実際に聞くことはできないのだが、無数の記憶をひきずりながら小説中で繰り返されるとき、われわれはまさにそれを音楽として認識することができる。そうした記憶は、曲が流れる頃にはすでに、登場人物とともにわれわれ自身の記憶にもなっている。もっとも「私たちが若干の秩序を要求するのは、カオスから自分を守るためでしかない」（Deleuze and Guattari, 1994, p. 201〔邦訳書、三三七頁〕）と言われるように、われわれは秩序を理解し、そこに意味を結びつける傾向がつよいのだ。われわれは認識するものに何らかの秩序があれば安心するが、それは同時に、そうした秩序から外れたすべてのものを見えにくくさせる傾向を持つ。

一方でわれわれは、自分とは無関係な出来事の根底に秩序を見るという、いわゆる「陰謀説」に驚くほど影響されやすい。よって、偏執病者は自身を虐げるための秩序をあらゆるところに見出してしまう。たしかにカオスがわれわれを覆い尽くそうとすることはあるだろう。しかしそういう場合に、なすべきことを実行する習慣を持つことで生活をうまくコントロールできれば、こうしたカオスの発生はほとんどなくなり、ただの危機として経験されることになる。もし私がいつもの電車に乗り遅れたならば落胆し、不便な思いをするであろうが、そこで私は電話をかける必要が生じたにせよ、カオスなどを感じることはない。しかし駅へ行く途中でもし自分の身体がオオカミに変化していると感じたら、パニックになるかどうかは別としても、おそらくカオスに似た経験をすることになるだろう。少なくとも身に起っていることを理解するまではその状態にあるはずだ。ドゥルーズ＝ガタリの世界におけるカオスは、器官なき身体、統合失調症の身体、内在の平面であった。そこではものがつくられるのと同じ速度で解体が進行していく。はっきりとした秩序はどこかに消えて、決して現れることはない。しかし小さな秩序（メロディ、心臓の音）とともに、カオスもまた過ぎ去っていく。そしてある可能性が不変のプラトーから出現することになる。ドゥルーズ＝ガタリにおけるカオスのイメージは、決して動かないものではない。それは絶えず生み出され、解体されるものである。

> カオスは、その無秩序によって定義されるというよりも、むしろ無限速度によって定義されるのであって、そこ（カオス）においておおよその輪郭を現し始めるあらゆる形《フォルム》は、その無限速度とともに消散するのである。それ（カオス）は、ある空虚である——すなわち、無ではなく、ある潜在的なものであるところの空虚である。この潜在的なものは、すべての可能な粒子を含み、すべての可能な形を描くものである。可能な形とは、共立性《コンシスタンス》（堅固さ）も準拠《レフェランス》（指示）も持たず、結果も持たずに、現れるやただちに消えるものである。それ（カオス）は、誕生と消滅の無限速度である。（Deleuze and Guattari, 1991, p. 118［邦訳書、二〇〇頁］）

●オルフェウスとアリアドネ

ドゥルーズ＝ガタリは音楽と政治の間に関係性を見出したが、そうした考え方は何も彼らに始まったものではない。オルフェウスは古代神話において、音楽の演奏によってギリシアを創設した人物として描かれている。彼はまた野生動物の友であるともされており、野生動物たちは互いに殺し合うのではなく、静かに彼の音楽に耳を傾けた。すなわち野蛮な戦争を続けるのではなく、都市を文化的な調和状態に導いた法の創設者として、彼は描写される（Ballantyne, 1997, p. 181）。オルフェウスの歌はカオスから生み出された秩序の歌であり、領土を確立する立法者の歌であり、また別の言い方をすれば、鳥の歌である[3]。

建築は凍れた音楽である、としばしば言われつづけてきた。発言者について諸説はあるが、シェリング（Schelling）がその始まりだとも言われている[4]。表現自体が常套句《クリシェ》として確立したことで、それは自明の真実になりつつあるようだ。しかしその概念自体は、シェリングの表現で言い表す以前から、頻繁に、より古くから思想として示されてきた。それはたとえばルネサンスのプロポーションもそうであったし、古代のエジプトやインド、さらに中国の創造神話においても見出されるものだろう（Pascha, 2004）。一方「反響」という意味を持つアリアドネの糸もまた秩序化の原理であるから、同じ概念である。すなわちテーセウスはその糸を利用することで、ミノタウロスの迷宮（確かにそこは音楽を打ち負かす場所でもあった）という恐ろしい反-建築において、その出口を探し出した。テーセウスの錯乱状態はその糸によって解消し、彼の進むべき道が明らかになったのだった。
一方でニーチェは音楽を作曲し、音楽について著しもした。彼はワーグナーを賞賛した時期もあったが、やがてその立場が変わりワーグナーを好きではなくなると、彼を「ドイツ的」だと評するようになる。すなわちニーチェは熱狂的なもの、光やディオニュソス、ギリシアを支持しようと望んだのである（本書でニーチェを引用するときはニーチェ自身の言葉を使用している。そしてこれまで用いてきた「常識的」という言葉は、ニーチェが「ドイツ的」と表現したものと同じ意味である。しかしこの言葉を特定の国と結びつけようとするものではない）。ニーチェはビゼーの『カルメン』を「この音楽は、私にとって完璧なようです」と、肯定的な音楽として最もふさわしい作品であるとした(Nietzsche, 1888, p.157)。ドゥルーズはアリアドネの愛情が、重々しく「ドイツ的」（その言葉が生まれる以前の話だが）なテーセウスから、人生を肯定し、歓びに満ちあふれたディオニュソスへと心変わりしたものとして述べている。この時点で彼女の世界は表裏が反転し、われわれの世界と一致する。もはや迷宮は混乱したものではなく、あるべき姿に変えられたのだ。

迷宮はもはや建築でできたものではなく、鳴り響くもの、そして音楽でできたものと化した。建築を二つの力、担う力と担われる力、すなわち支えと荷重（たとえこの二つが混同されがちであるにしても）との関わりにおいて定義していたのは、ショーペンハウアーである。だが、老獪な偽作者、魔術師たるワーグナーからニーチェが次第に分かれてゆくとき、音楽が反対側に現れる。音楽とは〈軽やかなるもの〉、純粋な反重力的なるものである[5]。アリアドネの三角関係の物語の全体は、ワーグナーよりもむしろオッフェンバッハやシュトラウスに近いような、反-ワーグナー的軽やかさを証言しているのではなかろうか？　音楽家たるディオニュソスに本質的に与えられている役割、それは屋根を踊らせ、梁を揺り動かすことである[6]。おそらく、アポロンの側にも、そしてテーセウスの側にも音楽はある。だがそれは、テリトリーや場所や仕事やエートスに応じて割り振られる音楽である。労働の歌、行進の歌、舞踊の歌、休息のための歌、飲むための歌、子守唄……、それらはほとんどささやかな「聴き古された歌」であり、その一つひとつに重さがある[7]。音楽がみずからを解放するためには、反対側へ移行する必要があるだろう――さまざまなテリトリーが振動し、建築物が崩れ落ちるところ、さまざまなエートスが混ざり合うところ、みずからが運び去っては再来させる大気のすべてを変質させる、そんな力強い〈大地〉の歌、大いなるリトルネロが立ち昇るところへ[8]。ディオニュソスはもはや、さまざまな行程と経路からなる建築以外の建築を知らない。〈大地〉の呼びかけあるいは風に応えてテリトリーから外へと出ることは、すでにリート歌曲の特性ではなかったか？　「高位の人間たち」の一人ひとりがその領域を離れ、ツァラトゥストラの洞窟のほうへと向かう。だが、ただディオニュソス讃歌のみが〈大地〉に広がり、〈大地〉とまるごと合体するのである。ディオニュソスはもはやテリトリーを持たない。彼は〈大地〉の上のいたるところにいるからだ[9]。鳴り響く迷宮とは、〈大地〉の歌、〈リトルネロ〉、永劫回帰の化身である。（Deleuze, 1993,p. 104［邦訳書、二一六～七

頁〕)

この文章は多くの引喩に富んでいる。ドゥルーズの脚注によって、われわれはニーチェの文章へと導かれてゆく。ここでドイツの「リート歌曲」とギリシアの「ディオニュソス讃歌」の間に対照性が見出されるだろう。「リトルネロ(ritornello)」は、ドゥルーズ=ガタリによる「ritournelle」の訳である(それは他では「リフレイン(refrain)」と訳されてきた)。しかしここでは確実に、その「回帰する(returning)」という特徴がニーチェの「永劫回帰」と結びつき、さらには融合する。永劫回帰はニーチェの著作のなかでも重要な概念だ。ドゥルーズの解釈では、それは自覚した自らの状況に応じた真の自発的衝動を伴うものであり、その状態において思考し、行動するという創造的瞬間が永遠に繰り返されるものである。すなわち人が生きていることを最も実感する瞬間こそが永劫回帰であり、義務を果たしたり、与えられた解答をおうむ返しにしたりすることではない。

それはヴィンケルマン(Winckelmann)が理解し、解説しようとしたことでもある。すなわち古代ギリシア人の特別な才能を説明したものであり、ニーチェもまた理解していたことだ。「牡鹿をも追越す駿足のインディアンを見給へ。その體液は如何に流動的に、その神経その筋肉の如何に柔軟敏捷に、更にその身體の全構造の如何に軽やかに作られているかを見給へ。ホメロスはそのやうに神々を描いた」(Winckelmann, 1755, p. 6〔邦訳書、一八頁〕)。ヴィンケルマンはギリシア人を、その置かれた状況によって形づくられた存在とした。彼らは生活の刺激に対して内発的に、かつ直接的に反応していたのである。この内発する「ギリシア的」世界との関わりは、ニーチェの言葉で言うところの「ドイツ的」関係と対照をなす。後者は商業的で実用的な現代の日常世界を表しており、俗物でつまらないものだ。それは物事を時間通りに終え、聴き古された機械音楽が問題なく事を運ばせる世界である。これこそが常識の世界であり、グスタフ・マーラー（Gustav Mahler）によって喚起される世界観とはかけ離れたものである。オーストリア出身であることで、彼がニーチェの「ドイツ的」カテゴリーに分類されると考えるのは誤りだろう。彼は *Das Lied von der Erde*（『大地の歌』、一九〇八年）を作曲していることから、すなわち「領土はドイツ的だが、大地はギリシア的なのだ」とドゥルーズ＝ガタリが語るところだ。

そしてこのずれが、まさにロマン主義の芸術家を規定する。ロマン主義の芸術家は、大きく口を開けたカオスに立ち向かうのではなく、地底の牽引力に立ち向かうからである［*attirance du Fond*—深奥の牽引力］。小曲に、鳥のリトルネロに変化が生じる。リトルネロは世界の〈はじまり〉であることをやめ、大地の上に領土的アレンジメントを描くのである［*elle trace sur la terre l'agencement territorial*］。こうしてリトルネロは、たがいに求め合い、たがいに響き合う二つの協和音的声部から成り立つのではなく、はるかに深いところにある歌に呼びかけるようになる［*un chant plus profond qui la fonde*］。この歌はリトルネロを創立することもあるし、リトルネロと衝突し、リトルネロを駆り立て、リトルネロが不協和音を発するようにしむけることもあるのだ。リトルネロは、領土の歌と、領土の歌を覆って高揚する大地の歌が密接に結びつくことによって形成される。例えば『大地の歌』の末尾では、二つのモチーフが共存しているではないか。メロディーによる第一のモチーフが鳥のアレンジメントを喚起し、リズムによる第二のモチーフが永遠に続く大地の深い息づかいをなぞっているではないか。マーラーはいう。鳥の歌、花の色、森の香りだけでは自然は作れない、ディオニュソスか、偉大なるパンの神が必要なのだ、と。大地の原-リトルネロは、領土的なものであれそれ以外のものであれ、すべてのリトルネロをとらえる。さまざまな環境のあらゆるリトルネロをとらえる。(Deleuze and Guattari, 1980, p. 339〔邦訳書、中三七七〜八頁〕)

●強　化

ドゥルーズ＝ガタリの研究のひとつとして、環境の説明能力についてのテーマが挙げられる。環境については後の章でより多く述べていくが、彼らはたとえば以下のように指摘している。

哲学者のウジェーヌ・デュプレエル〔1879-1967〕は強化の理論を提唱し、生命は中枢から外部に向けて動くのではなく、外から内へ、あるいはむしろ曖昧集合や離散集合から集合の強化に向かうということを証明したのだった。強化は三つのことを意味する。まず、何らかの〈はじまり〉があって、そこから線形的な連続が派生してくるのではなく、濃密化、強度化、補強、注入、そして詰め込みが、挿入行為として機能するということ（「挿入によらないかぎり成長はない」）。二番目は、インターバルを整え、不均等なものを配分する必要が高じた結果、強化するためには穴をあけなければならない場合すらあるということ。三番目は、不揃いなリズムを重ね合わせ、相互リズム性を内的に配置し、拍子やテンポの強制を避けるということ。強化は事後的に到来することに甘んじるのではなく、むしろ創造をおこなうのだ[10]。〈はじまり〉は二つのもののあいだで、つまりインテルメッツォで始まるからである。存立性とはまさに強化のことにほかならない。それは継起するものだろうと、共存するものだろうと、すべて強化の凝集体に変えてしまう行為であり、そこには挿入、インターバル、重ね合わせ＝分節という三通りの要因がともなう。これは、住居と領土にかかわる技法としての建築が端的に表していることだ。事後的に行なわれる強化があるかと思えば、アーチの要石のように、全体の構成要素として働く強化もある。ところが最近は、鉄筋コンクリートのような素材によって、柱と樹木、梁と枝、穹窿と葉など、いずれも対応による樹木状モデルから、建築全体が抜け出る可能性も出てきた。コンクリートは、混合する要素に応じて堅さ（存立性）の度合が変化する不均質な素材である。だがそこに、何らかのリズムにしたがって鉄筋が差し込まれる。こうして鉄筋は、自己支持式の表面に複雑な〈リズムの人物〉を形成するのだ。そこでは「茎」が、捕獲すべき力の強度と方向によって異なる断面を、変化するインターバルを持つことになるのだ（これは骨組みであって、構造ではない）。同じ意味で、音楽作品や文学作品も建築的構成をもつといえる。たとえばヴァージニア・

> ウルフは「原子を飽和させる」という言い方をしているし[11]、ヘンリー・ジェイムズも、「遠くで、できるだけ遠くで始めなければならない」、そして「加工した素材のブロック」を基本単位にしなければならないと述べている。もはや質料に形相を与えるのではなく、素材を洗練して豊かなものに変え、存立性の度合を高めなければならないのだ。それによってますます強度の力を捕獲することができる。(ibid., pp. 328–9〔前掲書、中三五五〜六頁〕)

「挿入《インターカレーション》」の概念は、地質学における異なる地層間に存する物質層を指すだけでなく、さまざまな意味を持つ。上記のドゥルーズ＝ガタリの例によると、鉄筋はコンクリートの中に挿入され、同様に建築は生活に挿入されることでその生活を構築し、形づくる。また一方でヴァージニア・ウルフ(Virginia Woolf)の「原子」は、経験の原子であった。彼女はそれを文学的な作品に挿入しようと試みており、その試みについては以下のように述べられている。

> ひとつの瞬間のなかに何が入っていようとも、その瞬間の全体を描き出すこと。……廃物や生気のないものは、この瞬間に属さないものごとを包含させてしまうことから生じるのだ。写実主義者のあの恐るべき記述のしかた。たとえば、ランチから夕食までを描くこと。あれはまちがいで、非現実的で、単なる慣習的なことに過ぎない。詩でもないものをなぜ文学に入れるか——詩というのはつまり、いきいきしたもので満たされ切っているものだ。……詩人たちはものを単純

化することによって成功する。実質的にいってあらゆるものが削除される。ところが私は実質的にあらゆるものを取り入れて、しかもこれを充実させたいのだ。（Woolf, 1980, vol 3, pp. 209–10, 28 November 1928［邦訳書、一九八頁］）

ここで示されたウルフの態度と、議論の各段階において詳細な説明をしないドゥルーズ＝ガタリの間には、類似点を認めることができる。ドゥルーズ＝ガタリによるヘンリー・ジェイムズ（Henry James）についての言及では、一九〇九年に著された『鳩の翼』の序文における、建物への考えを記した一節を参照している。ジェイムズはそこで、いうなれば小説の石工術、あるいは小説の「登場人物《キャラクター》」についての石工術というものを提案しており、登場人物とは、ある固まりから切り出され、頑丈につくられた存在であるとしている。また彼はそこでミリー・シールとケイト・クロイという二人の主要な女性主人公をどのようにして生み出そうとしたかを論じており、それは物語が求める行動を彼女たちがとる際に、読者にとって納得のいく行動に見えるよう心がけたものである。ジェイムズの言葉の中には、音楽と石造建築が融合している。

ともかく、大事な点はもし彼女が苦境に立たされるのなら、それに応じてすみやかにその苦境を産み出し、それをがっちりと構築することが肝要だった。その苦境が彼女を待ち伏せていると いう雰囲気をできるだけ引き出すためである。やがてそのような考えが絶対に必要であると同時にこちらの気持ちを鼓舞してくれるのが分かった。そのような仕事で、人は構成の鍵を探し求めることから始めるのである。そのような鍵が見つかるまではどうしても動きがとれないからである。(James, 1909, p. x〔邦訳書、三二一頁〕)

準備的に、そして、いわば、思い焦がれる思いで(全体の舞台が与えられたので)結局、私は外周から始め、包囲を狭めながら中心に近づく戦術を採った。……このことを完全に意識したのは、思い出せば、第一部に用意されている舞台を設定して安堵したときであった。そしてその舞台にはミリーは表面的には全然顔を出さないのである。ずっと前に遡って、できる限り「遡って始める」という、そしてまた同じ調子でずっと「背後に」回って、つまり、主題の表面の背後に回って見たいという好奇心がこれ以上大胆に自己主張した例を……おそらく私は思い出せないだろう。(ibid., p. xi〔前掲書、三二二頁〕)

〔出版というものは妥協を要求し、それに対し職人=作家は創意で対応する。〕何らかの注文をつけられることを好む熟練した技巧家の技巧を、要求するものとして作用することも多いだろう。にもかかわらず、最良の、最も精緻な技巧は、そのような事実をすべて考慮したとしても、妥協ではなく、完全な適合からよく生まれるものであって、眼前の作品の場合も、私がよく記憶しているのは、作品の分節や均衡や全体の調子に対する私の満足感は、一時的というよりも永続的な妥協性に依存しているということである。このようにして、場面の転換を考える場合も、それ自体が適切であれば、それで充分であった。事実、場面の転換は見事に行われているのでこの作品の構成についてこれ以上説明しなくてもそれらの転換が従った法則を記していけばそれだけで充分だ、と私は本当に思っている。

まず第一に、次々と中心人物を確立する「楽しみ」があった。それらの中心人物を正確に設定して、ちょうど適切な視点によったかのように、中心人物に支配され、その立脚点から扱われた主題の部分々々が、重みと量とそれに堪える力を持つように、言い換えるならば、建築的な構造を与え、効果をもたらし、美に貢献するように、鍛えられた材質からなり、鋭い角度に切り出された、揺るぎない「石材《ブロック》」を積み上げてゆく楽しみのことである。そのように積み上げられた石材は、明らかに、最初におかれたケイト・クロイの長い描写であって、その場面は最初から充分に描かれるのでなければ登場を拒む勢いであったことを覚えている。充分な条件、広々とした雰囲気を備えた条件、いろんなイメージがたっぷりと完成され、自由に活動し、日の当たる部分と同様に陰になった部分、つまり、側面や背後も手抜きなしに描かれること……「石材《ブロック》」の数が数えられた瞬間から、全体の企画の手順が心に浮かんだと私は言った、そしてそれは私の計画を全く忠実に描いたことになるだろう。しかし、情けないかな、計画と結果は全く別のことなのである。だからでき上がった結果を何よりも特徴づけているのは、最初の最も祝福された幻想の下に、その結果に大いに貢献する「はずであった」幸せな特徴が今の私には見られないように思われると言えば、私の言おうとする要点に恐らくより近いだろう。……一例としてあげるのだが、ケイト・クロイの意識をその上に徐々に置かれる荷重に耐えられるように築き上げていくことは、実際には哀れなことに数ダースの煉瓦《ブリック》しか見られないが当初の計画では数百の煉瓦が隙間なくぎっしり積まれるはずであった。(ibid., pp. xii–xiv〔前掲書、三二三〜四頁〕)

人の成長を形づくる経験と知覚の集合《ブロック》(bloc) は、小説家が登場人物のキャラクターを形づくる建物の石材《ブロック》(block) のイメージに置き換えられて、彼女たち二人は小説の中でリズムよく行きつ戻りつ成長をする。もちろん小説家はものごとを単純化して描写するのだが、われわれがジェイムズの描くキャラクターに共感するのは、まるで彼女たちを知っていたかのように感じるからである。われわれは彼女たちとともにさまざまな原体験を目撃してきたから、ある程度は二人の直感力が自分自身のことであるかのように共有できるようになっている。それは映画産業が見事に学んできた教訓でもあるだろう。そのため観客はスクリーンのキャラクターと一緒になって大げさに感情を表すことができるわけである。演技術の役割は、いかに俳優が観衆の感情を投影できるかのように見せることであり、編集技術の役割は、観衆の感情が投影されるまでの時間を確保することである。

たとえば、よく知られた映画である『テルマ&ルイーズ』(一九九一年) は脱領土化の物語である。

それは登場人物の女性二人が日常から抜け出して、傷つきながらも濃密な経験を重ねるという内容である。われわれは彼女たちとともにそれらの経験を目撃するが、ついにはグランドキャニオンの崖から車で飛び込み、死を受け入れることにより幕を閉じる。その峡谷は、（モニュメントバレーを含む）息をのむような一連の景色における、一番の見せどころである。砂漠の大地の壮大さが、映像と音響の組合せによって演出される。そうした圧倒的な風景が彼女たちを高揚させると、家に帰ってマンネリ化した日常に戻るのではなく、彼女たちはそこで死を迎えることを選択した。つまりこれこそ完全な脱領土化なのである。途中、テルマが夫と電話をする場面があるが、ここが彼女のこれまでの生活が脱領土化する瞬間だろう。われわれはここで彼女が以前の生活に戻る展開を予想するのだが、それに反して彼女は電話を切ってしまう。もっとも、この物語を狂気と絶望に満ちたものとして描くことさえできただろう。しかしわれわれはある意味で登場人物の経験に共感しているため、彼女たちの自殺がむしろ楽観的な選択であることを共感することができるのである。

映画は二人の車が崖から飛び込み、落下する寸前の静止画像で終わる。彼女たちの最も幸せな瞬間のモンタージュと陽気な音楽は、脱領土化こそが答えであったという印象をわれわれに残すのだ。この場合、その領土化の曲とは夫の声だろう。それはテルマの精神空間を日常という枠に押し込め、この枠組みこそが彼女の人生を形づくるものだった。すなわち家中が散らかっていたり、夫が妻に命令する権利は当然のものと考えていたりすることである。しかしそれとは対照的な自由で奥深い感情を、彼女は旅の道中で経験したのであり、それは自身の地平が広がっていくような経験でもあった。

領土を構築するということは、建築の偉大でありながらも一般的な役割である。モニュメントとは歌なのだ。

砂漠化：家に電話するテルマ。テルマ・イヴォンヌ・ディクソンを演じるジーナ・デイヴィス（『テルマ＆ルイーズ』リドリー・スコット監督、1991/©MGM）

再領土化する家庭領域。電話に出るダリル・ディクソンを演じるクリストファー・マクドナルド（『テルマ＆ルイーズ』リドリー・スコット監督、1991/©MGM）

空を背景に飛び込む（『テルマ＆ルイーズ』リドリー・スコット監督、1991/©MGM）

ふつう建物は現実的な領域を構築し、土地所有者の敷地の範囲を定めるものである。しかし建物というものはそのように所有を確立するだけでなく、建物が示すその領域は、職場、練兵場、ダンスホール、静かなホテルラウンジ、陽気なバー、居心地のいいベッドルームなどといった、小さな「古き良き場所」のような、ある精神《エートス》にふさわしい領土でもある。一方で建築とはそこで人がすべきことを促し、その構築された秩序を再現させる。しかし雑然とした混乱は、人の未来の見通しを妨げる。これこそが脱出前のテルマの建築だった。

あるいはそれは、肉体的な勇気と鍛錬を見せびらかし、強者に勝つための筋肉ばかりをジムで身につけたマッチョなスター、すなわちテーセウスの建築でもあっただろう。はじめテーセウスは迷宮のこともミノタウロスのことも少しも理解していなかった。しかし彼の「支援者」であったアリアドネの糸を用いた策略によって、彼は自身の居場所を知ることで、敵を攻略できたのだ。テーセウスのこの糸のように、自身の領土を確立することは人の発達段階において不可欠なことであり、それこそが建物の持つ役割である。

ドゥルーズ＝ガタリは「芸術は、肉とともに始まるのではなく、家とともに始まる。それゆえ、建築が諸芸術のなかで第一のものである」(Deleuze and Guattari, 1994, p. 186〔邦訳書、三二四頁〕)と述べている。人は家を確立することで、家の外へと踏み出すことができるようになる。人は領土が揺れ動き、諸々の精神《エートス》が混ざりあうような（しかし建物よりも、その人自身に影響を与えるような）建築に向けて進みゆくことができるのだ。すなわちそれは、それぞれの人が自身の領域を「離れる」ことで、構造が崩壊するような建築である。ディオニュソスはもはや、遍歴と放浪以外の建築を知らないだろう。彼は大地のあらゆる場所に存在するので、領土を持たないのだ。

●家、大地、領土

建物は機械の一部として機能する。それが使用されているとき建築-物は稼働する機械の一部となり、生産的になる。たとえある建築-物が質素な小屋と同じくらい単純なものだとしても、さまざまな仕方で、さまざまな場面で、さまざまな集団によって必要とされ、利用され得るものである。さらにそれは他の機械の一部として各々の状況に従って異なる何かを生産することもあるだろう。多くの場合、建物が生産するものは領土である。それは特定の秩序が支配、もしくは潜在するような空間だ。いうなれば建物は小さい歌である。もし建物が特定の目的に応じて生み出された領土であるならば、その歌とはむしろ労働の歌、行進歌、聴き古された歌といった機械の歌だろう。こうした機械の歌によってわれわれは、日々の暮らしには何の役にも立たないものに、煩わされることなくいられるのである。すなわち商業空間で流れているありきたりの音楽にも意味がある。騒がしいポップスは二五歳以下の若者向けの洋品店で流れ、教養ある音色のクラシック音楽は書店で流れ、ことさらに眠気を誘う音楽はホテルのエレベーターで流れている。こうした小さな歌たちはそれぞれの小さな領土を構築し、建築はそれぞれの役割に応じることができる。しかしこの場合の建築とは、限られた地平における建築なのである。

建築とは本来、本章で示したように他の可能性に対して開いてゆくことを可能にさせるものである。つまりあらゆるものに共鳴する偉大な『大地の歌』というものがあり、（邪悪なディオニュソスにはもはや不必要になった）領土の崩壊とともに建物が消滅してしまう放浪の建築というものがある。われわれの多くはたいていの場合、すでによく知っている、自分のものとして歓迎される領土で安心したいだろう。定住された羊、もしくはさえずる鳥の立場に身を置きたいものである。一方で人生における大事な瞬間、すなわち懸命に生きるその瞬間においては、すべての領土を通じて大地のあらゆる場所で声を上げる深い響きに耳を傾けなければならない。それは私たちが常識の世界で生活しているとき、いかに不可解で非生産的に見えたとしても、われわれを新しい不安定な空間へと開き続ける方向性のない自由というものに、耳を傾けねばならないのである。しかしこうした瞬間において、日常的な理性の声は抑圧的で制約を持ったものとして耳に届くことだろう。つまりそこでわれわれが唯一すべき行為とは、電話を切ることだけなのだ。

【注】

1 *Architecture Theory* (Ballantyne, 2005, pp.74-87) 所収のグレゴリー・ベイトソン (1949) による「Bali: the Value System of a Steady State」。ドゥルーズ＝ガタリによるベイトソンの引用 (Deleuze and Guattari 1980, p.158〔邦訳書、上三二四頁〕)。

2 「スキノピーティス・デンティロストリス」の行動について、ドゥルーズ＝ガタリはマーシャル (Marshall, 1954) およびギリアード (Gilliard, 1969) を参照している。同じ所見は『千のプラトー』(Deleuze and Guattari 1980, p. 315〔邦訳書、中三二七頁〕) にも記述されており、そこではソープ (Thorpe, 1956) が参照されている。

3　ドゥルーズは小論「ペリクレスとヴェルディ」（Deleuze, 1988a）において、音楽と政治の関係について追究した。ペリクレスは古代、アクロポリスを再建したアテナイの政治家であり、ヴェルディはオペラの偉大な作曲家である。

4　確かにシュレーゲルやゲーテらも繰り返していた表現のため、たびたび彼らの名前が明記される（Pascha, 2004）。

5　ニーチェ（Nietzsche, 1888）『ヴァーグナーの場合』〔ドゥルーズによる脚注〕。

6　ドゥティエンヌ（Detienne, 1989, pp. 51-2〔邦訳書、八三〜五頁〕）参照〔ドゥルーズによる脚注〕。

7　ツァラトゥストラはみずからの動物たちそのものに向かって言う。永劫回帰を「すでにおまえたちは〈聴き古された歌〉に変えてしまった」（第三部「快癒しつつある者」第二節）〔ドゥルーズによる脚注〕。

8　『ツァラトゥストラ』第三部「七つの封印」のさまざまな歌節《ストロフ》を参照〔ドゥルーズによる脚注〕。

9　「聖域」の問題、つまり、神のテリトリーの問題については、ジャンメール（Jeanmaire, 1970, p. 193〔邦訳書、三一三頁〕）を参照（「私たちはディオニュソスにいたるところで出会うが、にもかかわらず彼はどこでもその家にいることはない……。彼は、みずからを押しつけたというより巧みにもぐり込んできたのだ……」（前掲邦訳書、二六九頁）〔ドゥルーズによる脚注〕。

10　デュプレエル（Dupréel）は一連の独創的概念を作り上げた。「存立性」（これは「不安定」と関連する）、「強化」「間隔」「挿入」などがそうだ。ちなみにバシュラールが『持続の弁証法』でデュプレエルを援用している〔ドゥルーズ＝ガタリによる脚注〕。

11　ウルフ（Woolf, 1980, vol. 3, p. 209）〔ブライアン・マスミによる脚注〕。

第4章　ファサードと風景　*Façade and Landscape*

●山の中の散歩

われわれが暮らし、すでに熟知している領土とは異なって、外部の世界に開くことには危険が伴う。さらにそれが習慣になってしまうと、もはや自分が誰であるかというようなあらゆる感覚を失って、自身が統合失調症になったことに気づくだろう。しかしドゥルーズ＝ガタリは『資本主義と分裂症』において、このことをむしろ受け入れようとする。

たとえば『アンチ・オイディプス』冒頭に登場するヤーコプ・レンツ（Jakob Lenz：1751–1792）は、自身が途方もないほどに周囲の環境と関係を持っていることに気づくのだった。彼はリヴォニア（現ラトビア）においてドイツ系名士の一家に生まれると、勉学のためドイツへ赴き、そこでゲーテやシュトゥルム・ウント・ドラング運動に属しているロマン派詩人の一派と親しくなった。彼は主に今日では、二世代後のゲオルク・ビューヒナー（Georg Büchner：1813–1837）による文学作品の中に記憶されている。それは一七七八年一月二〇日から二月八日の間におけるレンツの生活を描写したものであり、ドイツ文学における現代的規範のひとつになっている。

貴族社会と関わりを持つようになったゲーテは、レンツの精神的苦悩がより顕著になってくると、彼には手の施しようがないと考えた。レンツは最終的にモスクワに移住するが、その前には田舎に身を置いており、ドイツで死亡記事が発表された時点でも実はまだ生きていた（Sieburth, 2004）。一時期彼は、ヴォージュ山地のヴァルトバッハに住む、牧師のヨーハン・フリードリヒ・オーベルリーン（Johann Friedrich Oberlin）のもとを訪れているが、それについてはオーベルリーン自身による記録が残されている。それによると、牧師にとって訪問客であるレンツは衝撃的であり、牧師は彼に敬意を払い、心配もしていたが、その行動は単なる奇行として記述されている。たとえば初日の夜、レンツは夜中に噴水に登った後、カモのように水の中へ飛び込んで、近隣に迷惑をかけたという（Oberlin, 1778, p.85）。しかし一方のビューヒナーはこうした出来事を全く違った方法で説明しており、いわばレンツの内面の視点から、それをあるがままに記述しようと試みている。物語においてレンツはヴァルトバッハへ向かうことになるのだが、かなり奇妙な文章で表現されており、ビューヒナーはその理解に苦しみつつも、精神錯乱の状況について、その場所のイメージを鮮やかに描き出している。

しかし、時どき嵐が雲の塊を谷々のなかに吹き込み、それが森から吹き上がると、岩壁に潜んでいた幾千の声が呼び覚まされ、遠ざかる雷鳴のように響くかと思うと、今度はものすごい喚声になって、大地を手荒い歓喜の叫びで歌い上げるように近づいてくる、雲はいななく野生の馬さながら、飛ぶように近づいてくる。そのあいだに日光が洩れてきて、きらめく刃を斜面の雪に走らせるので、まばゆいほど明るい光が峰々を越えて谷間に射し込んでくる。また時には嵐が雲の塊を麓のほうに吹きつけて追い払い、空の雲をもぎとったところに淡青色の湖面のような部分を出現させたりする。それから風が鳴りやんで、ずっと深くの峡谷や樅の木立から、子守歌や鐘の響きのような音がこちらまで聞こえてくる。紺青の空には下からかすかな赤みが射してきて、小さな切れ切れの雲が銀色の翼をつけて渡っていく。そして、鋭く厳しい峰々のすべての頂きがこの一帯のはるか彼方まできらめき輝きわたる、そうなると彼の胸は引き裂かれる、彼は立ったまま喘ぎ、上体をうんと前に屈め、目と口を大きく開いた、嵐を吸い込んで一切のものを自分に取り込もうと思った。四股をぐっと伸ばして大地に横たわった。彼は万有のなかに無理やりもぐり込んだ。それは苦痛だったが、快感にも思えた。あるいは立ったまま頭を苔のなかに埋め、なかば目を閉じていると、すべてが彼から遠ざかっていった、大地も彼の足を離れていき、地球が小さな惑星のようになって、彼のはるか下をざわめきながら走っていく清流のなかに消えていった。だが、それはたまゆらの時間のあいだだけで、覚醒した彼はまるで影絵が通り過ぎた後のように、しっかりと落ち着いて身を起こした、それまでのことはもう何も覚えていなかった。

(Büchner, 1839, pp. 3-8〔邦訳書、八九頁〕)

少なくともこうした「影絵芝居」の状態が続く間、レンツは完全に脱領土化されつづけていただろう。たとえそれが周囲の人々には理解できなかったにせよ、彼はたしかに大地の歌を聞き、それに応える方法を知っていた。ドゥルーズ＝ガタリが注目するのは、ある一節における空間的対比（すなわち束縛から自由への動き）である。それはレンツが閉め切った部屋でオーベルリーンと会話する一節であり、その後レンツが散歩に出かけていく場面と対比をなしている。牧師との会話では、父や母との関係においてのみ、レンツは自身を位置づけることが強制されている。これは彼が彼の家族とエディプス・コンプレックスの関係にあったということだ。同様にその部屋における閉じ込められた状況も、彼の心の抑圧と相関するものだろう。領土化された部屋とその領土化から逃れられないようにする牧師の組み合わせは、脱領土化を望むレンツにとっては抗しがたく強力な機械になったのだった。

散歩のときは反対で、レンツは山の中、雪の中で、別の神々とともに、あるいはまったく神もなく、家族もなく、父母もなく、ただ自然とともにある。「私の父は何をのぞんでいるのか。彼は私に、もっと何かを与えることができるのか。できるわけがない。私をそっとしておいてくれ」。すべては機械をなしている。天上の機械、星々または虹、山岳の機械。これらが、レンツの身体のもろもろの機械と連結する。諸機械のたえまないざわめき。「あらゆる形態の深い生命に触れられること、石や金属や水や植物と交流する魂をもつこと、花々が月の満ち欠けに応じて大気を吸いこむように、夢うつつのまま自然のあらゆる要素を自分の中に迎えいれること。こうしたことはすべて限りない至福であるにちがいない、と彼は考えていた」。葉緑素機械あるいは光合成機械であること、少なくとも、このような機械の中に自分の身体をひとつの部品として滑りこませること。レンツは、人間と自然が区別される以前に、あるいはこの区別を条件とするあらゆる指標以前に身をおいたのだ。彼は自然を自然としてではなく、生産のプロセスとして生きる。もはや、ここには人間もなければ、自然もなく、ただ一方を他方の中で生産し、もろもろの機械を連結するプロセスだけがある。いたるところに、生産する機械、あるいは欲望機械が、統合失調症的機械が、つまり類的生命そのものが存在する。私と私でないもの、外なるものと内なるものとの区別は、もう何も意味しないのだ。(Deleuze and Guattari, 1972, p. 2〔邦訳書、上一六～七頁〕)

レンツの自己感覚は、風景もしくはその一部と完全に同化してしまっている。彼自身と周囲との間には不連続の感覚や、分離、境界といったものがない。あらゆる形体の深い生命を感じとっているときの彼は、自分の身体あるいは(彼が適切な言葉に置き換えることができるならば)彼の詩によって、大地やその断片の歌に声を与える立場にある。ドゥルーズ＝ガタリはこの統合失調症者の世界の見方を、自己イメージを風景(や他の何ものか)に投影させる一般的な傾向や、定住文化とノマド的文化の双方における意識の変化といった、さまざまなことに結びつけて考察している。われわれが世界を理解する方法のひとつは、その中に投影されている自分自身を見出すことである。すなわちわれわれは、世界がいくつかの点で自分に似ているものと考えており、大抵の場合それは間違っているものの、どうにかやってのけている。
しかしそれは見方を変えるならば、われわれは周囲の世界のようでなければならないということだ。イギリスの詩人であるバイロン卿（Lord Byron：1788-1824）はレンツと同様にロマン主義者だったが、『チャイルド・ハロルドの巡礼』の叙事詩において、自身のアイデンティティの感覚を変化する周辺環境に結びつく、移ろいやすいものとして表現した。彼は自身が異なる周辺環境のなかで変化してゆくことで、ある意味で以前とはかなり異なった人間になっていく。これは開放的で刺激的なことではあるが、一方では抑圧的でもあり、受け入れがたいものでもあるだろう。

我は自らの中に生きず、
わが周囲にあるものの一部となる。
又我にとり高き山々は情感の種、
しかして塵界のひびきこそわれには苦痛。
自然のなかに忌むべきものは一も見ず、
ただ形骸の連鎖にて心にもなき一環を
成しつつ、外の生物の間に交じることぞ憂き、
魂ははるかにとびかけり、其路空しからずして、
空、嶺、海、原、星辰と混じ自由の羽を伸さむ

(Byron, 1812-18, Canto 3, stanza 72［邦訳書、第三巻七二］)

この描写はビューヒナーが描いたレンツが見たものと同じ見方ではあるのだが、ここではむしろ抑制が効いている。なぜなら（まだ身体化した生き物だった頃の）バイロンは、自身が切望したものや、空、山、海、星とは混じり合うことができないと感じていたからだ。しかしそれに対してすでにレンツは、まさに混じり合っていたというわけである。

●ホワイト・ウォール、ブラック・ホール

ドゥルーズ＝ガタリが風景を論じる際に最も重要なことは顔との比較についてであり、それは多くの異なった外見を伴ってたえず現れるものである。彼らのいう「顔」とは、二つの構成要素、すなわちホワイト・ウォールとブラック・ホールから成り立っている。ホワイト・ウォールは反射するスクリーンであり、それに投影されるあらゆる情報をはね返す。一方のブラック・ホールは原理として反対のもので、それは何も反射せずにすべてを吸収するものである。顔の中では、目の瞳孔がこのブラック・ホールに相当するものになる。「目は心の窓」ということわざもあるが、しかし必ずしもそうである必要はない。重要なのはホワイト・ウォールの背後には理解し得ないものが存在することであり、すなわちそれこそが思考と感情を持つ「主体」だということだ。もし仮に、その背後から何か推察されるものがあったとしても、それはただホワイト・ウォール上に書き込まれたり、あるいはそ

こに投影された記号から推察できたりするものでしかない。「顔」とはこの排除と受容、反射と吸収という二つの相反する働きを行うものである。

例えば白鯨、すなわちモービィ・ディックは、狂気に陥ったエイハブ船長にとってのホワイト・ウォールだった。彼は完全に自身の強迫観念を鯨へと投影するが、鯨は逆にそれを反射してしまう。

エイハブが白鯨に対して、狂おしい復讐心を抱きつづけたということを、疑う理由は毛頭もないが、それぱかりではすまず、さらに進んで、もはや病的にまで激昂したエイハブは、あらゆる肉体的苦悩ばかりでなく、おのれのあらゆる思想上精神上の憤怒までも、すべてモービィ・ディックそのものと同一視するところまで行ってしまった。深刻な人物には間々あることだが、おのれの身中に感ずる邪悪な魔の使いども、それにわが身を蝕まれ、ついには心臓も肺も半分だけで生きてゆかねばならなくなる、そうした感性の悪念が凝って、眼前を遊弋《ゆうよく》する「白鯨」の姿と化したものと、エイハブの眼には映った。……もっともひとを逆上させ苦しめ苛むすべてのもの、およそ事を荒立てるすべてのもの、邪悪を内に蔵するすべての真実、かの筋骨を砕き肝脳を地に塗《まみ》れさせるすべてのもの、生活と思想とを蝕むすべての狡猾な悪魔性——これらのすべての悪は、狂えるエイハブにとっては、モービィ・ディックという目にみえる個体と化し、現実に攻撃可能な対象となって現われたのだ。彼はアダム以来全人類が感じた怒りと憎しみとの全量をば、ことごとくあの鯨の白瘤の上に積みかさねておいて、さておのれの胸郭を臼砲になぞらえ、灼熱した心臓に蓄えた榴弾をそこで炸裂させたのである。(Melville, 1851, Chapter 41［邦訳書、第四一章］)

白鯨がエイハブに対して無関心であるという事実は、エイハブにとって納得できる考えではなかった。それほどエイハブにとってこの鯨との遭遇がトラウマになっていたからだった。彼は鯨によって脚を失い、その激しい痛みに耐える間に自身のすべての感覚を喪失し、純粋なつよさ、つまり器官なき身体となっていた。その後に感覚が回復すると、彼のアイデンティティは鯨を中心に再領土化してしまう。物語の中で彼は脚を引きちぎった鯨を憎み、自身の憎悪を鯨に投影することで、鯨を執拗に追いまわすのだが、ついには自分が鯨に追われていると感じるようになる。それはその白いこぶが無慈悲に反射してきた強迫観念的な悪意によって引き起こされたものである。すなわち心の中であらゆる悪が具体化していったのだ。

エイハブは、こう述べる。

すべて目に見ゆる物とは、ボール紙づくりの仮面にすぎぬ。だが、おのおのの出来事では(生ける行動、疑う余地なき行為においては)かならず、そのでたらめな仮面の背後から、正体は知れぬがしかもちゃんと筋道にかなったものが、その隠された顔の目鼻だちを表面に現わしてくるものなのだ。人間、壁をぶちやぶるなら、その仮面の壁をぶちやぶれ！ 囚人が壁を打ち破らんで外へ出られるか？　このおれにとって、あの白鯨は城壁だ。それが身近に立ちはだかっておる。その向う側には、何もないと思うこともある。だがそれも仕方ない。あいつがおれにはたらきかけ、おれにのしかかってくる。底知れぬ邪悪な底意をかためて、猛だけしい獰悪な力で来るのが、おれにはよくわかる。その底知れぬものが、何よりもおれは憎い。白鯨が、あの邪悪なものの使いであろうと、または本体であろうと、その憎しみをば彼奴によって晴らしたいのだ。……もし太陽が侮辱してもよいなら、おれが殴りつけてもよいはずだからな。そこに一種の公明正大《フェア・プレイ》ともいうべきものがあり、嫉みぶかくあらゆる被造物を支配しておる以上、そういうことになるではないか。（Melville, 1851, Chapter 36［邦訳書、第三六章］（Deleuze and Guattari, 1980, p. 245［邦訳書、中一七四～五頁］に一部引用））

「エイハブ船長はモービィ・ディックとともに抗しがたい〈鯨への生成変化〉に巻き込まれる。しかしそれと同時に、モービィ・ディックなる動物もまた、耐えがたいほど純粋な白さに、まばゆいばかりの白い城壁に、……聳えなければならない」とドゥルーズ＝ガタリは述べている（Deleuze and Guattari, 1980, p. 304［邦訳書、中三〇二頁］）。まばゆいばかりの白い城壁とは、彼らによると映画のスクリーンのみを指すものではない。それはわれわれの夢のイメージが編集される「夢のスクリーン」でもあり、明らかにクローズ・アップして視野を覆い尽くすもの、すなわち乳児期における乳房の記憶と同一視できるものである（ibid., p. 169［前掲書、中一七頁］）。またもし、その後の人生の中でこうした状況に似通ったものがあるとすれば、それは顔のクローズ・アップが風景となる映画のスクリーンだろう。「私たちの仕事は、人間の顔とともに始まる……。人間の顔に近づく可能性は、映画の第一の独自性であり、映画の特質である」とイングマール・ベルイマンは語っている（Bergman in *Cahiers du cinéma*, October 1959〔Deleuze, 1983, p. 99〔邦訳書、一七六頁〕に引用〕）。

顔と風景についての手引書は、ひとつの教育法、厳格な訓練を形成し、この教育法は芸術からインスピレーションを受けると同時に、芸術にインスピレーションを与えるものでもある。建築術とは、家々、集落、都市、記念建造物や工場など、建築術によって変形される風景の中で顔として機能する全体を設置することである。絵画はこれと同じ運動を引きつぐのだが、方向を反対にして、顔にしたがって風景を設け、両方を同じように処理するのだ。「顔と風景についての試論」。そして何よりもまず、映画におけるクローズ・アップは顔を風景と同様に扱い、ブラック・ホールとホワイト・ウォール、カメラとスクリーンとして定義される。だがすでに他の芸術、建築、絵画、小説さえも同じなのだ。これらの芸術に活力を与え、ありとあらゆる相関関係を発明するクローズ・アップ。ところできみの母親は、風景なのか顔なのか、顔なのか工場なのか（ゴダール）。未知にして未踏の風景を包んでいないような顔はひとつとして存在せず、愛したものの顔とか夢見た顔で満ちていない風景、来たるべき、またはもう過ぎ去った顔を繰り広げない風景など存在しない。混然となってしまった風景、海や山を想起させない顔があっただろうか、自分を補ってくれる顔、線や特徴からなる意外な補完物を与えてくれる顔を喚起しない風景があったたろうか。(Deleuze and Guattari, 1980, p. 173〔邦訳書、中二三頁〕)

フランス語の顔(visage)と風景(paysage)は響きが類似しており、まるで関連しているかのように聞こえてくる。同様に、それらをもとに発展したドゥルーズ=ガタリによる新しい造語、すなわち「visagéité」と「paysagéité」(翻訳すると「顔貌性(faciality)」と「風景性(landscapicity)」)は、よりぎこちない単語にはなるが、この文脈では有用である。これは議論に不可欠なことではないが、それら造語が生み出された過程は重要だろう。

ドゥルーズ=ガタリは一二世紀後半に書かれたクレティアン・ド・トロワ(Chrétien de Troys)の『ペルスヴァルまたは聖杯の物語』を引合いに出している。

小説——「ペルスヴァルはそれまで雪の眩しさに隠れていた雁の群れを見つけた。……鷹はこの群れから遅れ、取り残された一羽を見つけた。鷹は襲いかかり、激しく突き、雁はうちのめされた。……ペルスヴァルは足下に、横たわった雁のいまだ鮮やかな血にそまった雪を見ている。そして、血と雪とが一緒になっている様を見つめようと、槍で自分を支える。その鮮やかな色は、愛しい女《ひと》の顔の色のように見えた。その顔に思いをはせ彼はすべてを忘れている。それもそのはず、雪の上に三滴の血が見えるように、彼は愛しい女《ひと》の顔に、白にまじった朱を見ていたのであった。……私たちは、馬上に身を起こしたまま眠っている騎士を見た。」(ibid., p. 173〔前掲書、中二四頁〕)[1]

さらに彼ら自身の言葉で以下のように続ける。

> ここにはすべてがある。顔と風景に特有の冗長性、風景＝顔（*paysage-visage*）が一体となった雪のホワイト・ウォール、鷹のブラック・ホールあるいは壁の上に配置された三つの滴のブラック・ホール、また同時に、騎士のブラック・ホール、底知れぬ緊張症へと走る風景＝顔がなす白銀の線。そしてまた、状況しだいでしばしば騎士はブラック・ホールを横切り、ホワイト・ウォールを貫き、顔を解体しつつ、この運動をたえずより遠くに推し進めたりはしないだろうか。たとえその試みが失敗するにしても。(ibid., p. 173〔前掲書、中二三頁〕)

クレティアンの描写は印象的であるだけではなく、著しく映画的でもある。それは映画『危険な関係』（一九八八年）のラストシーンをつよく喚起させる。映画では、決闘によりヴァルモン公爵が想像以上の深手を負った後、場面は俯瞰的カット、すなわち平面《プラン》になり、彼が死にゆくシーンを上から眺めることになる。そこには黒い服や真っ赤な傷、そして周辺の雪には血の跡が残されている。勝利はしたが事実を知らず、放心状態のシュヴァリエ・ダンスニーは、従者がヴァルモン公爵の服を静かに脱がす間、動けないままでいる（図版参照）。ここで重要なのは場面が顔のように見えることではなく、顔が機能するように場面が機能していることである。場面を確立し、そこに痕跡やシンボルをおくことで、その背後にある表現を暗示している。降り積もった雪の白さには、血の痕跡と乱れた雪面による黒い斑点を残しており、それらはそこで起ったことを表すサインである。またその白さは、その後に登場するメルトゥイユ侯爵夫人の顔とも共鳴するものだろう。その決闘の場に彼女はいないが、彼女はここで起きた事件の直接の原因なのだ。決闘の間も自身の死の瞬間も、このことを知っているのはヴァルモン公爵ただ一人だが、彼が死ぬことによって侯爵夫人を滅ぼす証拠を殺人者ダンスニーに手渡すことになる。

映画の最後には侯爵夫人が化粧を拭いとる場面が映し出され、彼女は自身の「ペルソナ」を脱ぎ捨てる（図版参照）。慎重に構築されてきた彼女のアイデンティティはすでに失われ、彼女の仮面も失われてしまう。化粧はすでに青白いその顔をさらに白くし、唇を血のように赤くする。マスカラで黒ずんだ目は影の中にあるように見える。彼女の顔はあの決闘後のシーンであり、あの決闘後のシーンが彼女の顔でもある

白い雪、黒い衣服、真っ赤な血の跡（『危険な関係』スティーブン・フリアーズ監督、1988/©Warner Brothers）

だろう。その描写はクレティアンのものと同様に、両者を満たしている。そして赤と白とで強調されていたその顔は意味がぬぐいさられて、無表情に死んでゆく。それは完全に観衆が考え、あるいは登場人物のキャラクターが考え、もしくは感じているであろう感情を投影するホワイト・ウォールである。内側から起こるものは何もなく、われわれの感情のみがわれわれに反射されている。

ドゥルーズ＝ガタリは、もうひとつの例として、マルコム・ラウリー（Malcolm Lowry）の『ウルトラマリーン』における船の「機械装置」を背景にした場面を挙げている。

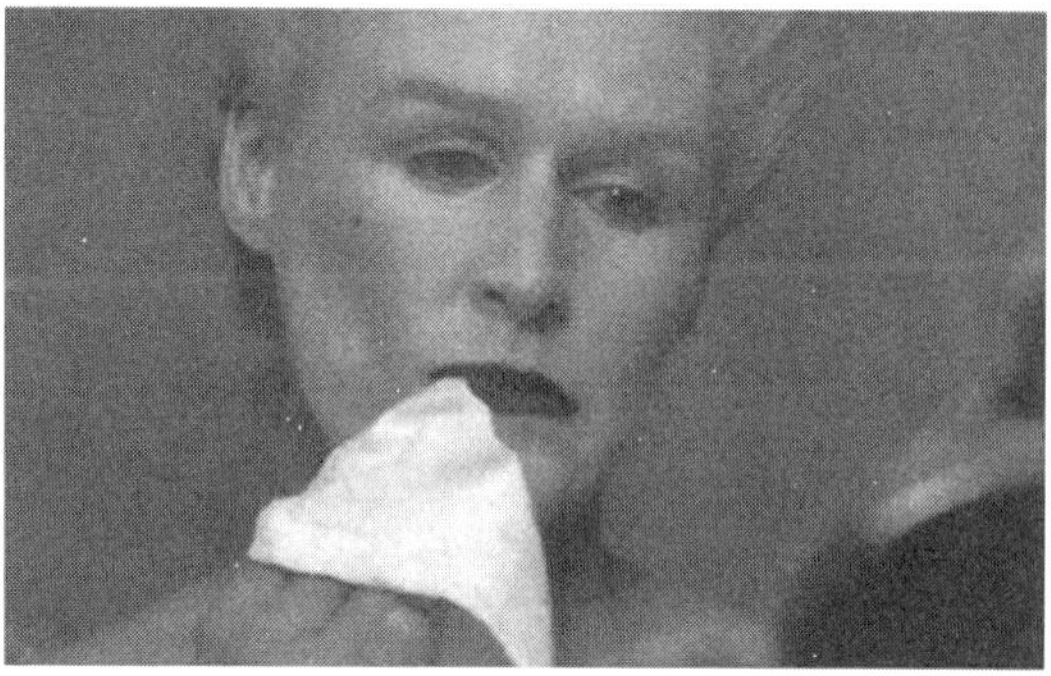
白い肌、黒ずんだ目、血の色に染まった唇。メルトゥイユ公爵夫人を演じるグレン・クロース（『危険な関係』スティーブン・フリアーズ監督、1988/©Warner Brothers）

鳩が一羽、鱶のひしめく海に落ちる。「白い急流の上に落ちた赤い一葉」は、次にどうしても血まみれの顔を喚起することになる。ラウリーの場面は、全く違った要素の中に組み込まれ、組織の仕方も特別であり、少しも影響は見られず、クレティアン・ド・トロワの場面との出会いが認められるだけだ。だからこそブラック・ホールまたは赤い染み＝ホワイト・ウォール（雪または水）という真の抽象機械の確証となるのだ。（ibid., p. 533, note 8〔前掲書、中四〇四頁、原注八（日本語訳では（七））〕）

すなわち顔の概念というものは、いったん構築されると非常に流動的で順応性があるものになる。われわれはいたるところでそれを目にするだろう。しかしそれは普遍的なものではない。それは過去のある時点で、われわれが獲得した概念であると同時に、統合失調症者が見失うこともありえる概念だ。

顔を解体すること、これは決してささいなことではない。狂気に陥る危険も多分にある。統合失調症者が自分の顔についても他人の顔についても等しく、顔の感覚をなくすと同時に、風景の感覚、言語と支配的な意味作用の感覚を失うのは偶然だろうか。つまり、顔とはひとつの強力な組織作用なのだ。（ibid., p. 188〔前掲書、中一二〜一三頁〕）

それでもこのような「顔」の概念はすべての文化で見出されるものではない。頭部の前面のみを引き剥がしたような、この仮面＝顔は、ドゥルーズ＝ガタリが特にキリストと同一視する概念でもある。一方で「白人」との接触がなかった文化においては、世界と向き合う別の方法を見出していた。すなわちその別の仮面とは浮遊する幻影としての顔よりも身体の一部として、その頭部を強調するものだ。いわばこの「自動誘導弾頭《ヘッド》」はむしろ世界を概念化し、世界と関係を結ぶものである。すでに概念として隅々にまで行きわたり、逃れることができないかにさえ思われる風景＝顔の概念に全く依存するものではない（ibid., p. 176〔前掲書、中三〇～一頁〕）。

　しかしこの顔を用いることで、ある一定の権力関係が可能になる。すなわち「授乳の最中に顔を通じて作用する母親の権力、愛撫のときさえ、愛されるものの顔を通じて作用する情念的権力、大衆運動においてさえ、リーダーの顔、旗、イコン、写真を通じて作用する政治的権力、スターの顔やクローズ・アップを通じて作用する映画の権力、テレビの権力……」（ibid., p. 175〔前掲書、中二八頁〕）と述べられるものである。そこには基本的な顔の二対二で結ばれた「四つの目を持つ機械」というものがある。「教師と生徒の、父親と息子の、労働者と経営者の、警官と市民の、被告と判事の顔（「判事は険しい表情をしていて、その目はあらぬところを見据えていた」）。一人ひとりの具体的な顔はこれらの単位と単位のコンビネーションをめぐって産出され変形されるのであり、ある金持ちの子の顔にはすでに軍人という天職、サン・シール陸軍士官学校の詰襟が見えているといった具合である」（ibid., p. 177〔前掲書、中三一～二頁〕）。

　ドゥルーズ＝ガタリはこのキリストの例を、傷ついた身体が顔貌化された、顔の発展における重要な瞬間とみなしている。「キリストは身体全部（自分自身の身体）の顔貌化とすべての環境（自分自身の生活圏）の風景化をつかさどるだけでなく、基本的な顔のすべてを構成し、さらにそれからのあらゆるへだたりも自分のものにしている」（ibid., p. 178〔前掲書、中三四頁〕）。一九四六年にドゥルーズは、処女作とされる小論「キリストからブルジョワジーへ」を発表した。そこでは以上のような実践のいくつかを資本主義の前提条件とみなしており、さらに『千のプラトー』でみられる議論を取り上げている。身体とは超コード化と再領土化がされることにより、新しい「主題」が構成されるものである。

専制的アレンジメントなしで意味性は存在しないし、権威的アレンジメントなしで主体化は存在しない。この両者の混合が可能になるのも、まさにシニフィアンによって働きかけ、魂や主体に対して作用を及ぼす権力のアレンジメントのもとでのことである。そして、こういった権力のアレンジメント、専制的あるいは権威的形成こそが、新しい記号系に帝国主義的手段、つまり他のものを押し潰すと同時に外からのあらゆる脅威から身を守る手段を提供する。多義的または多次元的記号系の作動に不可欠な身体、そして身体的座標は入念に除去される。身体は調教され、身体性は告発され、〈動物になること〉は排除され、脱領土化は新しい閾にまで押しやられるだろう。われわれは有機的な地層から意味性と主体化の地層に飛び移るからだ。ただひとつの表現実質が産出されるだろう。ホワイト・ウォール＝ブラック・ホールのシステムが建設される。あるいはむしろ、主体の自立性と同様、シニフィアンの全能をまさに可能にし保証することになる抽象機械が発動されるだろう。……われわれの制服や衣服が一方にあり、原始人が体に塗り、身に纏うものが他方にあるとして、このあいだにある違いは、われわれの衣類がボタンのブラック・ホールと布のホワイト・ウォールによって身体を顔貌化していることである。仮面さえもここでは以前と正反対の新しい機能を持つ。というのも、仮面の統一的機能とは、否定的な機能でしかないからだ（どんな場合でも、仮面が偽り隠すために使われることはない。たとえ顕示したり開示したりする場合も）。一方に、原始社会の記号系におけるように、身体を頭部に所属させ〈動物になること〉を可能にするものとしての仮面がある。逆にもう一方で、今日のように、顔の屹立と高揚、頭部と身体の顔貌化を可能にする仮面がある。……顔の非人間性。(ibid., p. 180-81〔前掲書、中三九～四〇頁〕)

すなわち制服の重要なポイントはそのボタンにあるのではなく、衣服というものが意味の領域において役割を持つことにある。非常に原始的な非社会的状況では、われわれは体温を保つために、または日差しを遮るために衣服を身につけるかもしれないが、他の要因が関係してくると、すぐに衣服の別の機能が作用することだろう。すなわちそれは衣服による隠蔽や露出といった目的であり、体裁やエチケットといった働きである。しかし日常的な活動において、通常は衣服のこうした機能が関心事なのではない。人はそれが発するメッセージにこそ関心を持つのである。衣服には特別な意味合いを与えることもできるが、それは身に着ける衣服にのみ限ったことではない。たとえばメッシュの入った髪や人工的な日焼けも一種の衣服であり、それらを身に纏う人物について教えてくれる。ニーチェは「われわれにとって今では建物の美とはなんであるか」と問いかけ、それは「才気のない女の美しい顔と同じもの、なにか仮面のようなものである」と答えている（Nietzsche, 1878, p. 218［邦訳書、二三一頁］）。われわれは制服を着るように建物さえも纏うのだ。

アーティストは黒い服を着て、会計士は特定の種類のストライプを着て、環境保護主義者はツイードを着るものだ。建築家は創造性のある人物として見られたい場合には黒い服を着るだろう。あるいはもし多額の資金を扱う必要があるときはストライプを、そして歴史的建造物を扱う仕事を行う際にはツイードを着る。一方建物は、外部の世界に対して自分自身が何ものであるか、そして誰を受け入れるものであるかを示すためにファサードを纏っている。

「ルロワ＝グーランは、「手＝道具」および「顔＝言語」という二つの極のあいだに区別と相関関係をうちたてた。だがそれは内容の形式と表現の形式を区別したに過ぎない」（Deleuze and Guattari, 1980, p. 302［邦訳書、中二九七頁］）。つまりこれは物事を行うことと伝えることを区別するものであり、この区別は結局のところ明解な区分として認めることはできないが、ある状況では役に立つ分け方だろう。さらにユクスキュルは、動物の「知覚世界（Merkwelt）」（器官を通してとらえる感覚「le monde note」）と「作用世界（Wirkwelt）」（行動の特性「le monde agi」）を区別している。これら二つの世界が「環世界（Umwelt）」を構成するのである。その用語は、通常の英語においては「environment」として、またフランス語では「milieu」と訳される[2]。人間の「知覚世界」は目、耳、皮膚、鼻や舌の情報からつくられるから、人間とは異なった感覚器官を持つ犬やダニ、またはコウモりの「知覚世界」とは多少異なったものになる。建物においても、行動を促す場合の外観（われわれの現実的行動に住居を提供するもの）と、ものごとの意味を表す場合の外観（メッセージの伝達）との間に、人は同様な区別を行うことができる。もちろんこれら二つの領域の間における分割は確固としたものではない。高い地位を表す外観を持つ住宅は、結婚相手を見つけたり、交友関係を広めることに役立つかもしれないが、建物には運動の機能を果たす側面と、意味作用の領域に属するもうひとつの側面がある。

話をジョン・クレアの小屋に戻すと、意味のシステムにおいてこの建物は、あらかじめ規定する場所を持たないことが明らかだ。建物はその中にもたらされる状況が契機となって、そこに幸福感をも生み出しており、こうした状況のすべては主体-形成（主体化）の過程に関わっている。すなわちそれは家族の関係であり、暖炉や煙草パイプ、犬、快適な椅子、ベッドなど、他との関係を通じたものである。いうなればこれはブラック・ホールなのだ。内部から見ているとそれはブラック・ホールには見えないが、実際それは外部からは見えず、意味ではなく、主体化を通して家庭的な安らぎをもたらすものである。

しかし対照的にマリー・アントワネットの小屋は顔貌化されたものだろう。それは何の疑いもなく意味の一部であり、その初めから記号としての役割を果たしているからだ。この小屋が主体化の過程において何らかの役割を果たしているかどうかは、はっきりしない。そこでは小屋の内部における実用的行為さえ超コード化されているから、行為の実用的な有用性も、そこで起こる出来事にとってはほとんど意味のない副産物になってしまう。ここでは酪農の牛乳生産よりも、恋愛ごっこが重要だった。ミルクメイドに扮すること、つまりこの特殊な「環境《ミリュー》」において「ミルクメイド」を意味するコスプレをすることは、乳搾りの仕事や、牛乳の生産量よりもはるかに重要なのだ。マリー・アントワネットの酪農はブラック・ホールよりも、むしろホワイト・ウォールである。しかし一方でそれは彼女がミルクメイドを演じる必要を感じたことの、ある表出でもあっただろう。よってここでは主体化の過程も行われてはいるのだが、もちろんそれはこの酪農の村落においてのみ行われたものではない。なぜならそのすぐそばにある顔貌化された巨大な建物こそ、ベルサイユ宮殿であるからだ。

宮殿は奇抜で精巧な主体化の装置だった。金色のホール、塗り込められたヴォールトやきらめくシャンデリア、そして無限の屈折と反射のもとで、国王の「ペルソナ」と宮廷の関係を構築してゆくものである。シンボルとコードは典型でありながらも、そこには想像できないほど複雑な相互作用がある。中心に国王の寝室を置いた庭園側のファサードであるホワイト・ウォールと、そこに開けられた窓のブラック・ホールは、内部にある主体化の巨大な集合体を暗示している。無邪気で陽気な村に建てられたこの小さなブラック・ホールは、宮殿というブラック・ホールの巨大な深淵に位置する衛星なのだ。そしてそれは一七九三年までには、マリー・アントワネットをはじめとする王族と、宮廷制度のすべてを残らず飲み込むことになる。

●意味するもの

社会的地位の高い建築物においてさえ、建築デザインとしてのファサードは普遍的なものではない。ドゥルーズ＝ガタリによるキリストと顔貌化の同一視を考えると、こうした観点を教会堂建築において論じたくなるものである。確かに大聖堂の巨大な西面ファサードにおいて、そうした同一視は確認できるだろう。さらなる意味（多くの彫像、多くのアーチ、多くの輝き）を施すために、特にソールズベリー大聖堂、またはルッカやピサの教会などにおいて、西面ファサードは背後の建物よりも高く聳えている。

このことはフィレンツェにあるロマネスク様式のサン・ミニアート・アル・モンテ教会でより明らかになる。ここで「作用世界 Wirkwelt」はレンガと石灰岩の構造の中に含みこまれている。一方で外部のファサードと、意味の世界である内部の一部に、白や色つきの薄い大理石を張ることで「知覚世界 Merkwelt」もまた構築されている（図版参照）。アルベルティ（Alberti）がサンタ・マリア・ノヴェッラ教会のファサードを改修したとき、このホワイト・ウォールは都市の全域で採用され、反映された。そして都市の中心にあるルチェッライ宮では見事なファサードを計画し、故意に顔貌化された邸宅建築をデザインしたのもアルベルティだった。ルチェッライ宮の、ギザギザで未完成のファサード端部は特にそれを仮面のように見せている。このようにファサードは顔貌化の概念を特に明確に示しているが（図版参照）、このホワイト・ウォール／ブラック・ホールの統合は住宅建築では行われなかった。

古代世界において住宅建物における本当の輝きは、内部に秘匿されてきたように思うかもしれない。しかしながらディオゲネス(Diogenes)はアテネの通りにおける、明らかにステータスを誇張する機能を持った、華やかなポーチについて言葉を残している。それによると、こうしたポーチが「知覚世界」に属しているのと同様に、個人住宅という「作用世界」においても主体化の行為が内部のブラック・ホールで発生し、住宅においても顔貌性が展開していたことが確認できる。ディオゲネスがこうした事態を非難していたと見ることも可能だが、彼自身が街路やポーチを自分の居場所としていたように、むしろ好んで利用していたとみなす

サン・ミニアート・アルモンテ教会のファサード(フィレンツェ、1090年以降/©Andrew Ballantyne)

レオン・バッティスタ・アルベルティ、ルチェライ宮殿のファサード(フィレンツェ、1452-70年/©Andrew Ballantyne)

ことさえできるだろう（Diogenes, c.340BC, p. 41, no. 14）。

主体の生産における家族と都市の役割は、ディオゲネスの格言、すなわち「スパルタからアテネに至る道は、まるで住宅の男部屋から女部屋までの通路のようだ」（ibid., p. 58, no. 113）に表れている。住居を別々にすることで男性と女性は異なる主体化を経験するのであり、同様にしてスパルタ市民とアテネ市民も別々の仕方で形成された。スパルタの象徴的秩序は兵士の肉体のうちに示されており、したがってそれは顔貌化されていたと言うことができるが、アテネの象徴的秩序はモニュメントのうちに示された。アテネのホワイト・ウォール／ブラック・ホールはアクロポリスに存在したのだった。すなわち、きらめくペテリクス大理石の、尊大な記念碑としてのパルテノン神殿がホワイト・ウォールなのである。もっとも、パルテノン神殿の内部は暗かったが、本当のブラック・ホールは近くにあったエレクテイオン神殿の内部だろう。そこでは最も神聖な遺物は太陽から避けられ、ほとんど目にすることができなかった。それにもかかわらずこれらの遺物は讃えられ、都市のアイデンティティ構築に寄与していた。たとえばアテナのローブ、折りたたみ式の椅子などは、ミノタウロスを閉じ込める迷宮を考案したダイダロスによってつくられた。またヤシの木の煙突がついたランプは、コリント式柱頭を考案したカリマコスによって設計されるなど、いくつもの実例があげられる。

そうした顔貌化は、さらに歴史を遡っても明らかに存在しただろう。それは純粋なブラック・ホールとしての洞窟ではなく、広告板のような塔門のファサードを持つエジプトの神殿においてみられる。ファサードの背後には屋根のない中庭、多柱式のホール、そして洞窟のような最古の至聖所が隠されている。カトルメール・ド・カンシー（Quatremère de Quincy）は、基本的にすべてのエジプト建築は洞窟に由来すると論じたが（Lavin, 1992）、それは内部から民衆を排除し、その外観において記念碑的な役割を演じたものである。そうすることで重要な社会的役割を持つ専制君主＝顔を確立したのだろう。要するにエジプトの神殿は貴族住宅をモニュメント化したものである。貴族住宅におけるファサードは、ほぼ例外なく中庭を通りから切り離すスクリーンとしての壁であったが、神殿のファサードは巨神の彫刻が暗い入口の両脇に立つ半自律的仮面であった。

●レドーム

「知覚世界」におけるホワイト・ウォールは、そこに投影されたイメージを反射するというその役割が明確なとき、かえってより曖昧な役割をも帯びてくる。ノース・ヨークシャーのメンウィズ・ヒルにあるジオデシックドームのホワイト・ウォールを例にみると（図版参照、およびWood, 2004）、このドーム本来の役割とは、衛星からのメッセージを受信する精巧な装置をその内部に保護することだ。この炭素繊維ドームによって、装置からは外部が見えないようになっているが、同時に外部の観察者からも内部に置かれた装置が見えないように隠されている。

ドームはこのように閉じた無表情な外観を持ち、モービィ・ディックのこぶと同じくらいに白いものである。そして鯨のこぶと同様に、この白いドームがいったい何ものであるかは、人の捉え方に従って変化する。もし人がこれを恐怖と悪から身を守る装置だと感じたならば、いささかシュールではあるものの、概して安心感をもたらす存在として人の目に映るから、その白いレドームは丘の斜面に優しく寄り添うように見えるだろう。しかしそれを通常の管理や規則から外れた異質な存在として捉えたならば、市民社会の暮らしに対するかなり不穏な脅威として人の目に映ることになる。さらにもしエイハブのような妄想に取り憑かれてしまったなら、われわれがその田園を通り過ぎるとき、カフカ（Kafka）のブルームフェルトを追いかけるボールのように、ドームがあちこちに動き回って、まるでわれわれを追跡するかのように見えるようになるかもしれない（Deleuze and Guattari, 1980, p. 169［邦訳書、中一五〜六頁］）。そうした場合、たとえレドームが見えない場所にあったとしても、衛星とカーナビを通してわれわれはその追跡を意識することになる。安心、脅迫、偏執症、これら三つの異なるものが、ひとつの建物においてさまざまに結びつき、訪問者それぞれの印象として異なる経験を生み出すのである。

RAF メンウィズ・ヒル（20 世紀後半 /©Gerard Loughlin）

建築＝機械は各々のケースにおいて、別の仕方で構成される。なぜならそれぞれの訪問者は異なる概念を持っており、それぞれの情動（つまり経験であり建築）を生む機械をつくるためにそれぞれの概念を用いるからである。メンウィズ・ヒルは、その白い球体が建築的記号として従来の認識に当てはまらないため、より興味深い事例になるだろう。なぜならわれわれは制服を解釈する方法を知るのと同じくらい確実に、建物を読み解く方法を知っているからだ。そして建物のファサードを、制服のように変装として身につけることができるのである。しかしこのドームの例は、建物をスクリーンとして人々に理解させ、明確な確証や否定の根拠を与えることなく、自身の願望や恐怖をそこに投影させることを可能にするものだろう。

●砂　漠

もし主体というものがまだあるのなら、統合失調症的な「主体」を思い描くという違ったやり方で、風景なるものが再び現れる。レンツは周辺環境と機械的な関係を持っていたために、彼「自身」と雪片や星、山頂などとの間に分離の感覚はなかったが、これと全く同じような意味で、ドゥルーズ=ガタリは自分たちを砂漠であると述べている。すなわちそれは彷徨い、移動する概念を帯びたものであり、彼らは絶えず再構成され、修正される存在なのだ。

私たちは砂漠である、ただしその砂漠には諸々の部族、動物相、植物相が群生している。私たちはそれらの部族を整理し、別の仕方で配置し、いくつかの部族を排除し、他の部族を繁栄させて時を過ごす。そしてそれらすべての集団、それらすべての群集は、私たちにとって苦行そのものである砂漠を妨げない。その反対に彼らは砂漠に住み、砂漠を通過し、移動する。ガタリのうちには、つねに一種の野蛮なロデオがあって、その一部は彼自身に向いていた。砂漠、自己自身についての実験、それが私たちの唯一のアイデンティティであり、私たちに住まうすべての組み合わせにとって唯一のチャンスである。(Deleuze and Parnet, 1977, p. 11〔邦訳書、二六頁〕)

ここでの「個人」というものが、多数的かつ政治的であることは明白だろう。またここで示される主体化の過程とは、動的で継続したものであり、決して何か完成したものや、もしくは完成に至り得るものではない。ドゥルーズ＝ガタリにとって生きることとはつねに生成の過程であり、すでに出来上がった「存在」を考えるものではない。ドゥルーズはガタリについて「あるグループの、諸々の徒党の、諸々の種族の一員でありながらも、一人きりの人であり、それらすべてのグループと彼のすべての友人、彼のすべての生成が群生する砂漠だったのである」(ibid., p. 16〔前掲書、三四頁〕)と表現している。

エドガー・アラン・ポー(Edgar Allan Poe)の『群衆の人』は、都市にうごめくさまざまな種族と群衆のアイデンティティに男が溶け込んでいくという、アイデンティティの可変性についての物語である(Ballantyne, 2005, pp. 204-9)。その男は極端な例であり、架空のキャラクターであるがゆえに、可能性としてそうした原理を体現している。すなわちその原理とは、われわれというものは単独としてではなく、社会的につくられるということである。そして人間は、自分たちが本来備えていなかった考え方と習慣によって形づくられ、それらはわれわれを通り過ぎつつも、われわれに住まい、われわれわれの行動に影響を及ぼすものである。日常の物事についてわれわれは時折、もしかすると意図的に、しかし多くの場合は特定の意識を持たないでいる。よって個人は国家というよりも、むしろ群生しながら結びつく、あるいは調和もしくは対立する政治（ミクロ政治）として捉えられるだろう。そのイメージはつねに線と強さ、交差する平面と多様な色彩、空気や流れであり、それは決して硬く乾いた物体でも、境界をもった形体でも、はっきりとした輪郭線でもない。そしてホワイト・スクリーン／ブラック・ホールの集合である顔というものは、他者とつながるひとつの手段であり、つまりわれわれの小さな国会である「パンデモニウム」が、ある種の意味を人に伝えるための方法と考えているものである。

【注】

1　ここでの翻訳は、ドゥルーズ＝ガタリによるフランス語のオリジナル *Mille Plateaux*（二一二頁）の引用文を直接参照している。これは出版された二つの翻訳（Chrétien, 1181-90a, pp.432-3; Chrétien, 1181-90b, pp.88-89）によるものである。ブライアン・マスミ（Brian Massumi）によるドゥルーズ＝ガタリの翻訳は、後者の資料を参照している。

2　ヤーコプ・フォン・ユクスキュル（Jakob von Uexküll）の研究は、ドゥルーズ＝ガタリ同様、ハイデッガー（Heidegger, 1929-30）やメルロー＝ポンティ（Merleau-Ponty, 1995）にも引用されている。

第5章　都市と環境　*City and Environment*

●若干の秩序

いま自分の身体で起きていることを、自らの感覚だけを頼りに考えてみたとしても、ほとんど何もわからない。私は多少なりとも身体の内部について知っているし、呼吸や鼓動を自覚することもできる。しかし自身の経験から、たとえば今日の肝臓や血流がどんな様子かを説明することはできないだろう。私は自分に心臓や肝臓があることや、血液が循環していることなどをどこかで習ったわけだが、意識によってそれらの状態についてまで思い描けるものではない。本来意識的な思考というものは私全体のごくわずかな部分でしかないのだが、意識的に考えるその部分というものは、どういうわけか身体が思考のために存在するなどと思い込んでいる。ことによると肝臓のほうは自分とは全く異なった考えを持っているかもしれない。

しかしこれまでの議論に関係するのは、身体とは思考が育つ環境だということだ。分子レベルで考えてみれば、身体のさまざまな部分は摂取した食べ物から構成されている。鉄やカルシウム、水素、炭素、酸素などは、私の知り得ぬところで機能する小さな機械によって再整理されている。喉の乾きや空腹を感じると私は飲食をするが、その際はいろいろな組織や細胞が身体に必要なものを整理して、私が膨大な情報によって困惑しないよう、あるいは消化の際に身体がより奇抜な方法を用いることがないように対処してくれている。分子の「観点」からすれば私という存在は、ある種類の分子が「強度化」されたものであり、私の環境内にあると同時に私が有する分子が「濃密化」したものである。しかしながら個々の分子は私に気づかれないうちに排出されて、身体を通り過ぎていってしまう。

リチャード・ドーキンス（Richard Dawkins）は遺伝子を確実に存続させるためには、種のメカニズムが最も理に適った方法だと主張する（Dawkins, 1976）。しかし遺伝子の存続などというものは、感覚を頼りにしてその意味を探ってても理解できるようなものではないだろう。それを別の次元で言えば、人間の強度化を探し求めるために都市に向かっていくようなものである。

都市とは道路の相関物である。循環と回路によってしか都市は存在せず、都市を作り出す、または都市が作り出す回路上の特異な点が都市なのである。入るものと出ていくものが必要であり、都市は入口と出口によって決定される。それは頻度を要求する。動かないものであれ、生き物であれ、人間であれ、それらの物質を集中させる極化作用を行うのが都市である。系統流、つまりさまざまな流れを、都市は、水平線上のあちらこちらにいきわたらせる。基本的に他の都市との関係において存在するものとして、都市とは横断的存立性の現象であり、ネットワークなの

> である。都市はまた、脱領土化の閾を表す。というのは材料がいかなるものであれ、ネットワークの中に入り、極化作用に従い、都市や道による再コード化の回路をめぐっていくためには、それが十分に脱領土化されていることが必要だからである。最大の脱領土化は、後背地や田園地帯から逃れていく傾向を示す沿岸商業都市（アテネ、カルタゴ、ベニスなど）において見られる。都市がもつ商業的な性格はしばしば指摘されてきたが、僧院や寺院都市が作るネットワークのように、都市における交易は精神的なものともなりうる。都市とはあらゆるタイプの点＝回路の組み合わせであり、水平な線の上で対位法をなす。都市は、完全な統合を行うが、それは局所的なものであり、都市から都市への統合である。都市の一つひとつが中央権力を形成するが、それは極化作用と中間（「環境《ミリュー》」）からなる中央権力であり、不可欠な調整のための中央権力である。専制、民主制、寡頭制、貴族制といった形体にもかかわらず、都市の権力が平等であると主張されるのはこのためである。都市タイプの権力は、国家の公務機構（「公務員」）とは非常に異なった官職制度を発明した[1]。だが市民の暴力としては、どちらのほうが大きいなどと誰が判断できるだろう。（Deleuze and Guattari, 1980, pp. 432-33［邦訳書、下一七〇～一頁、訳文変更］）

この記述は、都市を生きたものとして理解するための、都市にまつわる権力の分析だ。少なくともその冒頭部は、地理学の分野で広く影響を与えたヴァルター・クリスタラー（Walter Christaller）の中心地理論が、ドゥルーズ＝ガタリの特徴的な語法に翻訳されたものであることに疑う余地はない。

しかし注意すべきは、何が個人をつくるかという問題、すなわち統合失調症の分析という主題において、ドゥルーズ＝ガタリがほとんど同じことを述べている点である。また同様につねにネットワークの要素でもあるこの都市が、「milieu」の力である環境の力、すなわち「Umwelt（環世界）」を構成していることにも注意をすべきだろう。私が都市にいるとき、その都市とは私の環境である。しかし都市それ自体は他の都市との間において、また別の環境を生み出している。すなわちどんな「もの」であれ、その都度のスケールにおいて考えれば、それぞれがひとつの環境だといえるだろう。

●環境—milieu

ユクスキュルは生物と環境の関係に重きを置いている。あらゆる動物は、世界に対する感覚とその中で生き残るためのメカニズムを有し、他の生物とは全く異なるそれぞれの世界に生きている。ユクスキュルの著作である『生物からみた世界』における序章は「ダニとその環境（La tique et son milieu）」（Uexküll, 1965, p. 17［邦訳書、一一頁］）と題され、そこでは実物の数倍に拡大された大きなダニの図によって占められている。

ドゥルーズ＝ガタリはこうしたダニの世界の単純さに魅了された。

> 〈ダニ〉のあの忘れがたい結合された世界、それは落下の重力のエネルギー、汗を知覚するその嗅覚特性、および生物を刺すという行動特性によって定義されるものだ。ダニは木の幹の高い

ところに登り、通りかかる哺乳動物に向かってわが身を落ちるのにまかせる。ダニは哺乳動物を匂いで識別し、皮膚の窪んだところを刺すのである（三つの因子で形成される結合された世界。それがすべてだ）。(Deleuze and Guattari, 1980, p. 51［邦訳書、上一一七頁］)

ダニは哺乳類にとりつくと、その血をたらふく吸い、身体を何倍にも膨らませる。そして地面に降り立って、地中に卵を産みつける。このようにダニのライフサイクルは完結している（Uexküll, 1934, pp. 18-19［邦訳書、一一～三頁］）。そこでユクスキュルはある問題を提起する。すなわち「ダニは機械なのか機械操作係なのか、単なる客体なのかそれとも主体なのか」と。その答えを出すために彼は異なる観点から解答する二人の「ペルソナ」を用意する。そこでは生理学者がダニは機械であるといい、こう説明する。

生理学者は、ダニは機械だと断言し、ダニには受容器すなわち感覚器官と実行器すなわち行為器

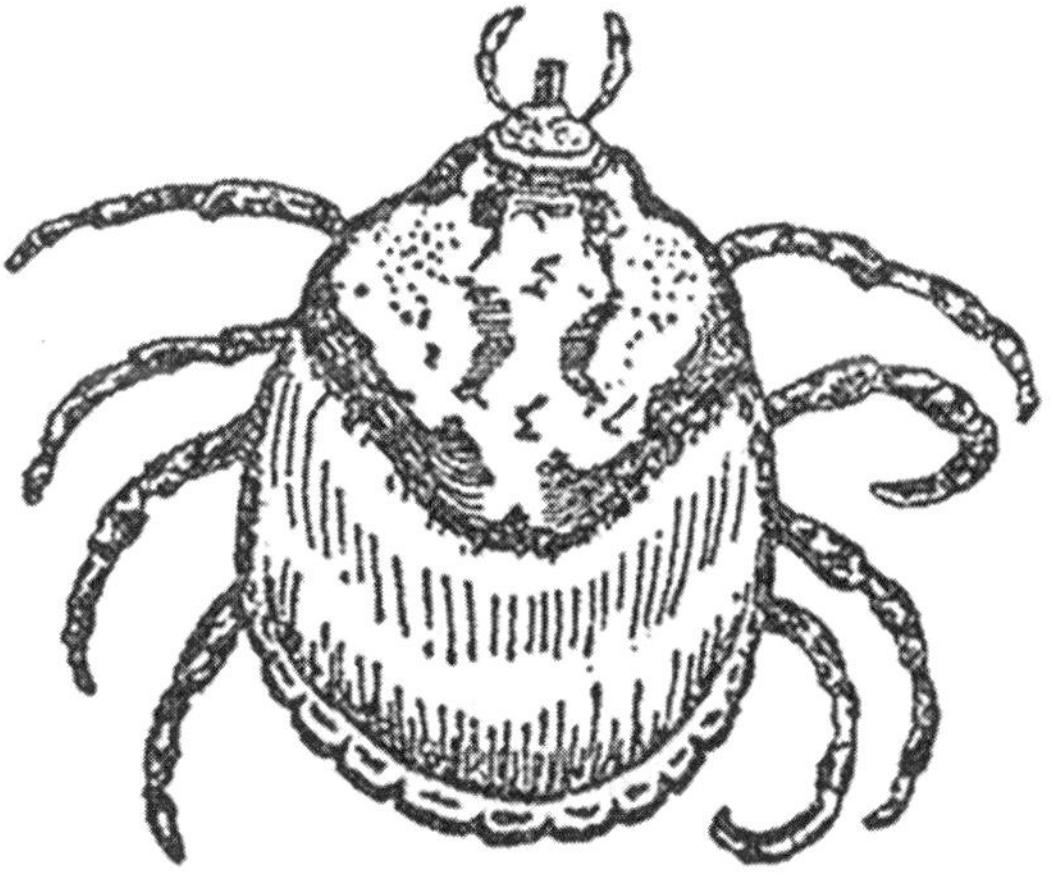

ダニ（©Uexküll, 1934）

官が区別され、それらは中枢神経系にある制御装置によって互いにつながっていると言うだろう。全体（「アンサンブル」）がひとつの機械であって、操作係にあたるものは何ひとつないのである。

「まさにそこに誤りがあるのだ。ダニの体のどこをとっても機械の性格はなく、いたるところで機械操作係が働いている」。こう生物学者は答えるであろう。

だが生理学者は動ずることなくこう続けるだろう。「まさにダニの場合、すべての行為はもっぱら反射だけに基づいている。そして反射弓がそれぞれの動物機械の基盤となっている。それは受容器、すなわち酪酸や温度など特定の外部刺激だけを受け入れ、他はすべて遮断する装置ではじまり、歩行装置や穿孔装置といった実行器を動かす筋肉で終わる。感覚的興奮を引き起こす「知覚」神経細胞と運動インパルスを引き起こす「運動」神経細胞には、外部刺激に応じて受容器が神経内に生みだす完全に身体的な興奮の波を実行器の筋肉に伝えるための接続部分としての役目しかない。反射弓全体はあらゆる機械と同様に運動の伝達によって働く。一人であれ複数であれ機械操作係のような主体的な要因はこの現象のどこにも見られない」。

「事態はまるで反対だ」と生物学者は答えるだろう。「われわれに関わりがあるのは、すべて機械操作係であって、機械の部分ではない。なぜなら、反射弓の個々の細胞はすべて、運動の伝達によってではなく刺激の伝達によって働いている。だが刺激は主体によって感じとられるものであって、客体に生じるものではない」。たとえば鐘の舌がそうであるように、機械のどの部分も、きまったやりかたで左右に揺すられたら機械的に働くだけである。暑さ、寒さ、酸、アルカリ、電流といった他のあらゆる干渉に対しては、ただ一枚の金属片としての反応を示すだけだ。一方、筋肉が全く別の振舞いをすることは、ヨハネス・ミュラー以来知られている。筋肉はあらゆる外的干渉に対して同じ方法で、つまり収縮によって反応する。どんな外的干渉もすべて同じ刺激に変えて、その筋肉細胞に収縮を引き起こす同じインパルスで応えるのである。

ヨハネス・ミュラーはさらに、われわれの視神経が出会うあらゆる外部作用は、エーテル波であれ圧力であれ電流であれ、同じように光感覚を呼び起こすこと、つまり、われわれの視細胞は同じ「知覚記号（*Merkzeichen*）」で応えることを示している。

そこで、それぞれの生きた細胞は感知し作用する機械操作係であり、したがってそれに固有の（特異的な）知覚記号と、インパルスすなわち「作用記号（*Wirkzeichen*）」をもっているのだと結論できよう。それゆえに、動物主体全体の多様な知覚と作用は、小さな細胞という機械操作係の共同作業によるものであって、それぞれは個々の知覚記号ないし作用記号を操っているだけなのである。(ibid., pp. 19–21〔前掲書、一四～六頁〕)

もしわれわれの細胞の一つひとつが主体であるとするならば、私という一人の人間は、そうした細胞による群衆ということになるだろう。このことはサミュエル・バトラーの生命に寄与する機械（第2章参照）でも同じ論点を述べている。もしユクスキュルの記述に基づけば生物は機械装置のように見えるだろうし、他方のバトラーの記述に基づけば機械がまるで生きているようにも見えるものである。しかし両者の記述のうちどちらか一方の記述だけを読むならば、どちらも常識に照らし合わせて納得がいく答えにはならないだろう。一方の記述は生きた有機体の傾向と習性を、多くの複雑な機械的相互作用による創発の特性として見ており、他方の記述は生気論を展開しながら、それを無機物のうちに見ようとしているからだ。常識の世界においてわれわれは、一方の記述を生物に当てはめ、他方の記述を意思のない機械装置に当てはめて見ることだろう。本来あらゆる事物のうちには、あるものを他から分離するための明確に定義できる境界線など存在しない。それはただ文化的慣習によってのみ線引きがされ、それぞれの事物は他の事物と完全に切り離されたカテゴリーに分類されることになる。そしてたとえバトラーの精密な論理であっても、もしそこで納得のいかない結論が示されたならば、その文化的慣習のせいで、人はまるで騙されてでもいるかのような居心地の悪さを感じることだろう。しかしドゥルーズ=ガタリの研究はそこに何の常識的境界線を意識することなく、両者の記述を引用している。

もし『アンチ・オイディプス』冒頭の欲望する機械が一方を明らかに喚起しているとするならば、彼らが論じる生命体概念は他方をも喚起するだろう。すなわち「ルロワ=グーランは、技術の進化を生物進化一般の上に構想する技術の生気論を最も遠くまで進めた人である：それは普遍的傾向である」(Deleuze and Guattari, 1980, p. 407〔邦訳書、下一一一頁〕(Leroi-Gourhan, 1945 を引用)) と述べた一節である。ガタリは環境、社会的諸関係、人間的主観性という三つのエコロジー的な

「作用領域《レジスター》」を定義したが（Guattari, 1989, p. 28〔邦訳書、一〇頁〕）、そのいずれもが同等の働きをするものだった。それぞれは異なるスケールで、さまざまな生物、機械、もしくは概念が形づくるさまざまな「環境《ミリュー》」をそれぞれ確立していく。「雑草にもエコロジーがあるように、有害な思想のエコロジーというものもある」とグレゴリー・ベイトソンは言い、ガタリはこの名言を『三つのエコロジー』の題辞で用いている（ibid., p. 27〔前掲書、八頁〕）[2]。ある思想は別の思想や習慣からなる「環境《ミリュー》」を必要とするものだが、もしそこで特定の「環境《ミリュー》」が与えられれば、ひとつの思想が開花する一方で、その他の思想は芽を出さないでしまうのだ。

ガタリが描く脅迫的な多様性の思想である「環境《ミリュー》」とは、今日では一般的に「グローバル化」と呼んでいる「統合された世界資本主義」のことだろう。世界のどこに住んでいようとも、また過去にどのような文化的な相違があったにせよ、それはすべての人間に同じものを求めさせる傾向を持つ。マスメディアによる主体の均質化は、生物多様性の脅威と同様の危険性をもたらそうとする。われわれは同じ映画スターに魅了され、同じ炭酸飲料を飲み、同じ香水をつけるよう教育されている。個人のレベルにおいてそれは、楽しく無害であり、あまりにも無難であるから、害悪をもたらすものとは思えない。しかしその一方で行為に関わる思想や文化といったすべての種が地球上から一掃されて、もう二度と現れることができないようになるだろう。そうした種が駆逐されてしまうのは、すなわち関心が持たれていないからである。われわれはサッカーのスコアやセレブのゴシップについてしか考えていないのだ。

ユクスキュルが詳細に解読したように、動物とその「環境《ミリュー》」の両者は密接に関連している。そしてベイトソンは両者が「生存のユニット」であると言い、それらは不可分な関係であると主張した。生物がその「環境《ミリュー》」から独立して生存するなどと考えることはできない。「環境《ミリュー》」は生物発展の前提条件であり、ドゥルーズ＝ガタリが「中間からすべてが始まる」と言うときの「中間」とは「milieu」を指しており、それは「環境」をも意味するものである。もしベイトソンが主張したように〈生物＋環境《ミリュー》〉をひとつの「ユニット」として定義した場合、それを明確な形や境界を持ったものとして正確に定義することは不可能だろう。

もし図に描かれているような、小さくて可愛いらしい〈ダニの体をしたもの〉をダニ「である」と定義できるのならば、人はそれをガラス瓶に入れてしまえば保存できると思うかもしれない。しかしその環境は、ダニがもはや生存できないまでに変化させられてしまうことになる。あるいは本来ダニの縄張りを横切るはずだった哺乳類を迂回させたり、捕獲したりするなどしたら、ダニ自体には何の危害も加えられないにせよ、そのダニは全滅するかもしれない。ダニを隔離し、その姿を図示して説明することは比較的容易なことだ。しかしこの「形のない」〈生物＋環境《ミリュー》〉の生存ユニットを、ユークリッド幾何学やデカルトの用語によって、すなわち図面や円、もしくはグラフ上の線分として詳細に説明することは、かなり難しい。もしそこで生じていることを説明するには、ある部分が他の部分といかに相互作用するかを説明し、そうした相互関係のネットワーク、すなわち「政治」を考えることで相関的な定義がされる必要があるだろう。

これまで科学というものが「標準サイズの乾燥した物体」についてのみ論じてきたことは、よく知られている。われわれは見たり触れたりすることができ、観察を繰り返しても何ら変化しないものを論じることに関しては、非常に長けている。しかし極小のものや巨大なものを理解する際には、実際に知覚できる大きさに近いものから類推していく必要があるし、流体や流動に関する研究では、その初期段階において直線や立方体にモデル化することで分析する必要がある。そうすることで計算もまた容易にはなるが、しかし自然界においてはより例外的な結果を示すことになるかもしれない。

バタイユはいう。「「フォームレス」は……階級《デクラセ》を落とす（=分類を乱す）のに役立つ用語であり、……「フォームレス」という語が表すものは、いかなる意味においても権利を持たず、いたる所でクモやミミズのように踏み潰されるものである。実のところアカデミックな人間を満足させるには、宇宙は何らかの形をもっていなければならない。哲学全体の目標はこれに他ならない。すなわち、ありのままに存在するものにフロック・コートを、数学的なフロック・コートを与えることだ。これに対して、宇宙が何にも類似しないフォームレスなものだ、と断言することは、結局のところ宇宙が何かクモや痰のようなものだと言うに等しいことなのだ」(Bataille (Ballantyne, 2005, p. 5))。すなわち形《フォーム》を有するものは、無形《フォームレス》なものが持ち得ない地位と社会的信用を有していることになる。なぜなら無形なものであることによって、人はそれを「モノ」と見なすことに確信がもてないからだ。

しかしながら環境としての milieux とは、形のない《フォームレス》ものである。ドゥルーズ=ガタリによるモノの認識とは、それを「環境《ミリュー》」における点や特性、力、交差する平面や線などの、流動的な集合に置き変えることだった。その場合「形体《フォーム》」は不要だろう。彼らは形体の社会的で政治的な次元に注目しており、ジルベール・シモンドン（Gilbert Simondon）に賛同しながら彼の発言を引用している。「形体《フォーム》とは、秩序を与える人間が自己の内側で考え出したものであり、彼が命令を下すときには明確に表現しなければならないものである。すなわち形体は表現可能なものの次元に属している」（Simondon (Deleuze and Guattari, 1980, p. 555, n.33［邦訳書、下三二〇頁（二八）］）と述べるところだ。都市や環境、あるいは主体（「個人（individuals）」もしくはドゥルーズ＝ガタリが意図的に使用する「分離できる者（dividuals）」としての主体）といったものは、ネットワークと流動から生じる相関関係として示される。

●断線

一方で国家というものは、そうした広いネットワークの接続を断ち切ることで、全く異なったものとして以下のように示される。

事実、国家は別の方法を採用する。国家は内部的存立性の現象である。国家はさまざまな点の集合を、すでに極化された都市にかぎらず、地理的、人種的、言語的、道徳的、経済的、技術的といったさまざまな点を共振させる。都市を田園と共振させる。地層化によって作動し、つまり水平な線を上下に縦断する階層化された垂直体を作るのである。こうして国家が自分の要素とするものは、国家に対して外部的になった要素との関係を絶たれたものだけである。このような関係は、禁止され、抑制され、管理されるのだ。国家がみずから回路を持つことがあっても、それはまず共振のための内部回路であり、関係をできるだけ厳重に制御することはあっても、他のネットワークとの関係からは孤立した反復のゾーンでしかない。ここで問題となるのは、国家の要素となるものが自然のものか人工的なものか（国境）ということではない。いずれにせよ脱領土化は起こるのだから。だがここでの脱領土化とは、領土自体が対象とされ、領土が地層形成や共振の素材となることによるものだ。したがって国家の中央権力は階層的であり、公務機構を作る。下位のものを従属させることによってしか切り離したものを結ぶことができない以上、中心となるのは、真ん中ではなく上方となる。確かに都市の場合に劣らず、国家にも多様性はある。しかしこの多様性は都市の場合とは異なっている。都市が作る水平な線によるネットワークから都市は切り離せないのに対し、国家の方は、一つひとつ他の層と区別される縦断面の層の数だけ存在する。個々の国家は、（局所的ではなく）全体的な統合であり、（頻度ではなく）共振の冗長作用であり、（中間の極化作用ではなく）領土の地層化作用なのである。（Deleuze and Guattari, 1980, p. 433［邦訳書、下一七一～二頁］）

原理的には、あらゆる国家を一枚の地図上に描き込むことは難しいことではない。というのも紛争地域を除いて、ある国家をその周辺国から切り分ける境界線を引けばよいからである。そうした境界線はことあるごとに引き直されることもある。しかし中央で定められた法律はその境界にまで適用されるが、決してその国境を越えることはない。すなわちここで重要なポイントは、決定権を持つ「中心」というものが「環境《ミリュー》」の中にあるのではなく、その上方やその外部といった別の階層にあることだ。したがってこのように国家やその組織を記述することは、形体《フォーム》を「質量形相論的」に理解することと関係している。それはアリストテレスの思想に由来しており、特にこれまで述べてきた「創発」的形体、もしくは「内在論」と対比的であることに留意すべきだろう。

国家の実体は、それよりも高い階層から及ぼされる権力によって形づくられるものだが、一方で都市のネットワークはその「環境《ミリュー》」に内在するものだった。すなわち国家は形体を持つが、都市は形を持たないものなのだ。もちろん都市に対して、より高いレベルから秩序を押しつけることもできるだろうが、その秩序は都市を機能させるものではないから、都市デザインを理解する手掛かりになるものではない。都市は個々の建物のために「環境《ミリュー》」を作るものであり、もし良い建物、つまり生活を持続させ、それ自体が成長する有機体となるような建物をデザインしようとするならば、建物や「環境《ミリュー》」の相互依存的な関係についての理解が必要になる。そして人々や建物、あるいは都市を活気づけ、機能させ、繁栄させる要因は不定形《フォームレス》なものであることも認識しなければならない。しかしそうした要因は、広がったネットワークの一部を周囲から切り離そうとする、国家のような機構によって制限されるだろう。たとえば土地の所有権は所有地に境界を設けることで管理され、境界画定による法的責任は土地の端までしか及ばないようにできている。もし私が境界侵犯を行わない善良な市民でいたければ、その責任は私の建物の境界と同じ範囲だけに限られることになる。

たとえばル・コルビュジエ（Le Corbusier）が「建築とは、光の下に集められたヴォリュームの巧みな、正確な、壮麗な戯れである」（Le Corbusier, 1923, p. 29〔邦訳書、三七頁〕）と定義したように、建築では伝統的に形体が重要視されてきた。このような発言はかなり高みから述べられたもので、つまりここでの「壮麗さ」とは明らかに「環境《ミリュー》」の上位にあり、「巧み」とか「正確」といった信条もまた上位層で決定された規範である。われわれがここから学ぶのは、形体（ここで言われている「ヴォリューム」）を「秩序を与える人間が自己の内側で考え出したもの」として、そしてさらにそれを表現可能なものとしてみなすことである。したがってル・コルビュジェによる建築の定義は、完全に国家的な思考様式に属するものと言える。そのため彼を一種の「公務員」として、つまり建築を周囲環境から切り離し、単独で質の高いオブジェとしてデザインする人物と見ることができるだろう。

純粋な形体、すなわち何ものにもとらわれない生活を約束する、現実離れした美しい形体への崇拝は、ゴージャスな建築雑誌における中心要素だ。しかし建物の内側で展開されてゆくような、生活に内在した秩序というものは、雑誌に掲載される写真には見出すことができない。故にそうした写真が見せている、人を惹きつける生活の様子とは、幾何学的に規定され、明確に定義された絵に描いたような生活である。

もし何気ない日々の家事というものが、家庭を形づくる唯一の要因であったなら、そこに内在する秩序は住宅的スケールから立ち現れるべきものだろう。しかしわれわれは、もし自分の家を建てる際には、できることならその形体によってステータスを主張したいとも考えている。なぜならつねにわれわれは、家というものが何を意味するものであるかを知っているからだ。われわれの形体に対する感覚は「環境《ミリュー》」の創発特性からのみでなく、人を取り巻く記号の支配体制からも導かれるため、われわれはそうした記号をつねに利用してきた。すなわち人間的な建物に関して言えば、個々の建物はステータスを主張していているわけだが、そうした自意識には広い全体像など何もないから、創発的な形体というものはむしろ都市的スケールにおいて出現するだろう。

フリードリヒ・エンゲルス（Friedrich Engels）は一九世紀イギリスのマンチェスターで、この状況について記述している。そこは驚異的な発展によって、わずか数十年の間に小さな村から大都市へと変貌した場所である。マンチェスターという都市が明らかに無規制であったにもかかわらず、そこに明確な秩序が出現したことを、彼は注目すべきこととして指摘している。

町そのものは独特のつくり方になっているので、何年もここに住み、毎日出入りしていても、労働者街に入ったり、労働者と接触さえしないですむのである——つまり、自分の商売のためにいくとか、散歩するだけならば。しかし、これは主として、意識的な公然とした意図によるのと同様に、無意識な暗黙の合意にもよって、労働者地域が、中流階級にあたえられた市街とはっきりと分離されているためである。……これらマンチェスターの富裕な貨幣貴族たちは、いちばん近道をして全労働者地区の真ん中をとおって市の中心部にある自分の事務所へ行きながら、左右に見られるはずの、もっとも不潔な困窮状態の近くをとおっていることに気づかずにすむのである。すなわち、取引所から町の外のあらゆる方向につうじている大通りは、両側にほとんど切れ目なく店の列がつづいており、したがって中小ブルジョアジーの手中にある。彼らは自分たちの利益のためだけでも、きちんとした、きれいな外観を維持し、またそうすることができるのである。……これらの店は、不潔な労働者の小屋を隠しているこれらの店よりも、商業地区やブルジョアの居住地区の近くの店の方が上品である。しかし丈夫な胃袋と虚弱な神経とをもつ金持の紳士淑女の目から、彼らの富とぜいたくとを完全なものとしている貧困と不潔さを隠すのには、これらの店でつねに十分なのである。……私は、こういう詐欺的な町のつくり方が、多かれ少なかれ、すべての大都会に共通のものだということは、よく知っている。……こんなに思いやり深くおおい隠しているところを、マンチェスター以外のどこにおいても見たことがない。しかもそれ以外の点ではマンチェスターは、ほかのどんな都市よりも無計画に、警察の規則にも従わず、逆にいっそうなりゆきまかせに、町がつくられているのである。(Engels, 1845, pp. 84-6〔邦訳書、八一～四頁〕)

エンゲルスはその都市の様式が、上位のレベルから形体を強制されてできたものではないとし、小さな商店をはじめとする「環境《ミリュー》」内部からの影響による結果であると述べている。しかし彼は都市の様子を「詐欺的」と呼んでいることから、一方でその都市を高みからも眺めていたようだ。というのも「環境《ミリュー》」の内部から観察すれば、実際には彼が言うような「詐欺」にはなっていないからである。エンゲルスは誰もそれに気づかないと述べているが、もしそこで起きていることに誰かが気づき、「環境《ミリュー》」内部の人間に尋ねたら、それぞれの場所に建てられた建物のタイプは、その都度において適切な決定がされてきた、との答えが返ってきたはずである。それは決して詐欺でも、偽善でもなく、ある種のエチケットの問題に見えてくる。人が生きる「環境《ミリュー》」は、交流する他者によってのみならず、動物、植物、雪のかけらや山の頂上、そしてエコロジーの一部である観念（ときには建物を論じる観念）によっても形づくられる。すなわちこの分析はあくまでもエンゲルスが見たマンチェスターであり、彼は必ずしもマンチェスターの一員だったわけではないから、そこでの建築のエチケットについての観念は、それに従って行動する人々においてのみ共有されていたものなのだ。要するに彼らは全体を俯瞰する必要はないので、どこで店を開くべきかとか、ある程度の生活を維持するためには、その場所でどんな経営をすべきかを考えていただけである。それは厳密な思想などではなく、問題とされないままに「環境《ミリュー》」の内部で広がった常識であっただろう。外部や上空から眺めれば、それは詐欺的に見えるだろうし、あたかも何らかの洗脳があったようにも見えるかもしれない。しかしその内部から見れば、ものごとは容易に理解できるだろう。

都市（少なくともこのマンチェスター）とは、秩序が内在する自己組織化のシステムである。同様に『アンチ・オイディプス』の冒頭における、統合失調症の分析的な主体（すなわち個人）についての記述も自己組織化のシステムだろう。すなわち一方の記述において、それはひとつの意思と個人名を持つ存在であり、他方の記述においては、全体像を持ち得ない欲望する機械からなる無数の群衆である。人とは、「聖家族」（資本主義やエディプス・コンプレックスにとって都合の良い核家族ユニット）が提供するような柔軟性のない社会的規範を、受け入れるべくコード化される存在だ。しかしそれとちょうど同じように都市もまた、生きることには役に立ちそうもない、品行方正で壮麗な外見を与えられ得る存在である。「形体」を付与されることで都市は立派で高いステータスを纏うかもしれない。しかしもしそれが都市生活を生成するネットワークと一致しなければ、そこには荒廃した大通りと吹きさらしの広場が、結果として残されるだけだろう。写真映えは良いかもしれないが、場所を活気づけるものではない。それならば都市自体の文化的ステータスなど求めずに、行うべきことをただ行うようなエンゲルスが記したマンチェスターのように、自然発生的で無自覚な都市にいるほうがはるかにましかもしれない。

もちろんマンチェスターにも深刻な問題はあったし、多くの人々は劣悪な環境で暮らしていたが、都市の総合的な活力という点について疑う余地はない。中央集権的な計画の規制がないにもかかわらず、都市の組織化が明快であったことは驚くべきことだ。今後マンチェスターのような都市を生み出すには、形体を確定するのではなく、多くの労働力を必要とする最先端の商業事業を導入した方がよいだろう。そうすれば、多かれ少なかれ結果がついてくることになる。事業主はとても裕福になり、彼らは少数派の階級に属するにもかかわらず、自身の欲望を満たすための資産を有することだろう。そして低賃金で働く労働者はコストがかからないため、幅広い事業で重宝される存在になる。社会のあらゆるレベルにおけるニーズは、中心となる商業的事業に依存しながらも、それとは多少の距離を置く事業者によって満たされる。商店の立地や配置の決定、ファサードの計画などには、こうした中流階級の「環境《ミリュー》」(彼らは公認の政党を持つかもしれない)が重要な役割を果たすだろう。この下-中流階級が適切な感覚を共有すれば、他の階級が彼らを覆さない限り、この秩序の広がりは中央集権的な統制のメカニズムに頼ることなく、うまく機能し続けることができるのだ。都市に決定的な影響を及ぼしていたのは、中産階級であり、マンチェスターにおいては、特に小さな商店主だったように思われる。英雄的な建築家は都市に突出したものを個性的にデザインするが、都市組織というものはおそらく無意識的で創発的な「デザイン」であるから、個人がその著作権を主張することはできないものだ。そしてそれは自らアリ塚を築くアリの群れや、迷宮において最短ルートを発見する変形菌に見られるように、無数の局所的な決定の結果としてできたものである(Johnson, 2001)。

このような結果を生む諸関係の設計図は、政治的もしくは位相幾何学的だと言えるかもしれない。位相幾何学とは、伸ばしたり、折りたたんだりなど変形しても、同一のものとして捉える「ゴムシート的幾何学」のことである(それが円であろうと、四角形や不規則な形であろうとも、すべての閉じた図形は同質である。すなわち球体と立方体は互いに同質だが、穴のあるドーナツ型の輪環体とは異なるものになる）。ドゥルーズ＝ガタリは事象と形体が分離可能であることに関心を向けていた。たとえば材料については「これらの特異性や此性はすでに幾何学的というよりはトポロジー的な暗黙の形体を示すものであって、さまざまな変形過程と組み合わされるのである。すなわち、木のひき割りという操作が木の繊維の波状の変化や歪みといった変化に合わせて行われるように」と述べている（Deleuze and Guattari, 1980, p. 408［邦訳書、下一二三頁］）。ここで「暗黙」の形体（潜勢的形体）、すなわち材料の「襞のように織り込まれた」形体が注目される。ドゥルーズによるライプニッツの研究は『襞』（1988, *Le Pli*）と題され、この種の襞こそ、一枚の薄い金属板による文字通りの折り目にもまして、まさに彼の主題であっただろう。「pli」すなわち「襞」とは、ほのめかす（im*ply*）、暗黙の（im*pli*cit）、増殖させる（multi*ply*）、複写する（du*pli*cate）、複製する（re*pli*cate）などといった行為の単語に含まれており、これらはすべて「襞」についての用語なのである。

こうした暗黙の形体を、そのまま実現し得るかは定かでないが、形を作り出すうえで何らかの影響を及ぼすものになるだろう。たとえば木材においては、伝統的な職人は木の性質を熟知しており、その性質をいかに利用するべきかを知っている。しかしながら職人はそれをあえて表現したり、見せつけたりするような仕事はしない。ただし場合によっては、そうした性質が垣間見えることもある。樹木の性質に従った木材は、幾何学的な直線に製材された同じ寸法の木材よりも強度があり、よい杖というものは低木のときから適度に真っすぐに成長した木が用いられ、仕上げる際に長さを切り揃えられてつくられる。しかしそうした杖は強度こそあるものの、見た目は洗練されていないだろう。それは粗野な特質を、すなわちバタイユのいう「形のない《フォームレス》」という低い地位の意味合いを備えているからだ。一方で洗練された都会的な杖とは、たとえ強度がなくても真っすぐな杖なのだ。

たとえばエポワス城にある大きな円筒形の部屋である「鳩舎」には、壁にあるすべての営巣地に近づくための特徴的な梯子がある。梯子は部屋中央にある主軸に取り付けられ、外周すべての箇所に手が届くよう回転をする。踏み段は二本の側桁によって固定されており、その側桁は一本の木を二つに割ったパーツを用いているため、きちんと揃えられていて、驚くほどの細さで継ぎ合わされている

エポワス城の梯子（コート＝ドール県、年代不詳/©Andrew Ballantyne）

（図版参照）。もしここで妥協したことがあるとするならば、その梯子を真っすぐにできなかったことだろう。あるいは木の成長、つまり木の性質に従わなければならなかったことである。これは美しく巧みに仕上げられたものであり、技術的に洗練されてはいるが、幾何学的概念の観点からは、よい形体とは言えないものだ。したがってこういったものは城の内部でも品の良い部屋では全く見られず、鳩が棲み、管理人だけが訪れるこの場所においてのみ設けられている。

一九世紀中頃に近づくと、ヴィオレ＝ル＝デュク（Viollet-Le-Duc）をはじめとするその他の論者が、材料は求められた形体において主張すべきとする思想を展開していった。当時はまだ材料の性質が表出するものに対しては、ほとんど「形のない《フォームレス》」ものとして、すなわち価値が低いものとして考えられていた。それはまるで職人が材料をうまく扱うことができず、幾何学的形体に適応させる技術を持たないものとさえ考えられた。たとえば簡素な木こり小屋などは材料の特性が際立って表出したものであり、定住された羊の飼い主もまた、牧草地の石を強度化したものである住居に住んでいた。それはちょうど羊飼い自身もまた、作物と羊からなる要素が強度化した存在だったようにである。

●創発する形体

現場で建設工事が始まると、建築家は事務所内で検討されてきた形体《フォーム》について指示を出す。施工者が指示通りに行動し、その形体を実現するために、それまでとは異なるレベルから行動するようになる。しかし形を持たない材料を模索し、その使用をあえて試みることは、本来多くの建築実習で必要とされるものであり、現実的に全く不可能ではないのだが、利益が優先される業務においては滅多に行われることがない。しかしそうした試みには大きな意義があり、全く新しい発明が生まれ得る機会でもあるはずだ。分子レベルにおける材料のミクロ政治というものは、われわれが知覚でき、利用できるレベルで言い換えるならば、材料の特性のことだろう。石灰岩とスレートにおいてそれぞれの分子構造が異なるということは、石の種類が異なれば、異なる性質を帯びた形態《シェイプ》を持つことを意味し、こうした特徴的な石の形態が壁や屋根を作るうえで有用であることをわれわれは見出してきた。

建設現場において実用的な材料といえば、本書の読者からすれば、業者が提供する建材が挙げられる。すなわち標準規格のコンクリートブロックや、製材所で標準サイズに加工された木材、あるいは鉄くぎ、ねじ、その他接合金物、他に板ガラスや断熱材、中密度の繊維板といった板材などである。これらは建設業者が作業をするうえで一般的に考えられる材料だが、こうしたものが生み出す形体は野原の石や間伐材などによって生み出される形体と同じものではない。建物を建てる際に通常の契約を結ぶのであれば、工期や品質は最重要になる。ゆえに実験的な思考などは排除されてしまう傾向にあり、常識はよりいっそう強固になるから、これまで建ててきたものと同じような建物を生み出す結果になるだろう。よって、もし本当に革新的なものを生み出そうとするならば、こうした現状にこそ立ち向かわなければならない。しかし通常、質量形相論的な作業はほぼすべて、材料が入手される以前に行われてしまっている。さらに言えば、材料の次元で現状に抵抗しようと時間と労力を割いてしまうと、革新的かつ効果的であり得たものを、むしろかえって社会的次元で迅速かつ効率的に建設することを不可能にしてしまう可能性さえある。

それについて、たとえば政治的効果をねらって二〇〇六年冬のパリに出現したホームレスのためのシェルターは、シンプルな手描きの印を掲げた市販の簡易テントが用いられた（運動を主催した団体は、遍歴の騎士を目指した人物にあやかって「ドン・キホーテの子供たち」と自称する。それはホームレスに家を与えようと望む、この団体の大いなる理想主義を表現したものだが、皮肉にもキホーテの非現実的な自己妄想や始末の悪さをも取り入れてしまったようである）（図版参照）。もしこの運動で、新たなテントデザインに資金と労力が費やされていたとするならば、結果として運動は不合理で効果の薄いものになっていただろう。しかしここで使用された市販テントのデザインは、それが本来作られた目的以上に巧妙かつ効果的に材料が利用されていた。すなわちテントの材料で生じた事実を述べるなら、そのスチールフレームによる「ばねの力」は所定の位置に留め

「ドン・キホーテの子供たち」によって提供されたテント（パリ市内サン・マルタン運河沿い、2006年 /©Reuters/Benoit Tessier)

られ、保護シェルターでもあるテント布によって、ぴんと張られていたわけだ。さらにそうした事実をさまざまな「環境《ミリュー》」において言い換えるなら、そのスチール分子の「環境《ミリュー》」で起きた力学は、布地における分子の「環境《ミリュー》」と接触し、緊張関係にありつつも、両者は互いに交わることがない一方で、危険な事態に陥ることもなかった（布地とスチールの間には何の化学反応も起こらない）。それによりテント内の「環境《ミリュー》」は（外よりも内部の方が著しく住み心地がよく）風や水の浸透を防ぐ布地の特性によって保護されて、さらには居住者の体温によって暖められた。一方で警察組織や、人権の概念、あるいは重要な公共空間でのエチケットなどの点では、相互に対立が生じる可能性があったし、実際には対立が生じてもいたので、その政治的な「環境《ミリュー》」は、こうした平面《プレーン》の交差が強度化する場面においては危機的になるだろう。

●形体とフレーム

人は意図的に形体を見失わなければならない。さまざまな「環境《ミリュー》」における分子の政治、生命の政治、情動の政治に巻き込まれ、人はそうした「環境《ミリュー》」に身を置きながら、何ごとかを提案しなければならないのだ。「環境《ミリュー》」には人が逐一検討するには厄介なほど多くの次元があるから、人は通常それを道徳の平面《プレーン》にのみ投影し、その重要性を秤にかけてきた。建築家は建築が自立的であるとの主張を好むものだが、そうした主張を行うことは平面《プレーン》の多様性について、その正当性をいたずらに否定することになる。なぜならば、たとえわれわれが平面についての議論を受け入れなくとも、それはすでに実在するからだ。

建築物としてひとつの形を見出すこととは、人が自らの在りようを探し求めることと同じであろう。ときに人はフレームといった限界を自らに設けることがある。もし仮に、自分はあることを行う人間だが、それ以外のことは決して行わない人間だと決めたとすれば、まさに人格形成の段階で、その考えを修正しなければならないだろう。そして自分という人間が、自分が考えていた人間とはまるで違っていたことに（または思っていただけの人間ではなかったことに）気づくことになる。ましてや他人のことに関しては、もっと少ない根拠に基づいて推察するから、さらに多くの間違いが生じるだろう。われわれは小説における登場人物の行動について知り、ときにその行動についての考えを知ることで、そのキャラクターを理解する。またもし一番の親友といるときは「自分自身」でいられるが、逆に最近知り合った相手に対しては何かとより慎重で、よそよそしくなるものだ。それらは建物においても同様のことが言えるだろう。

私的空間において寛ぎを演出する工夫から（より詳細に見ると、それは文化的に構築されたものだが）、格式を重んじたフォーマルな場所まで、建物には各場面に対応するエチケットというものがある。特に格式ばった場所とは制服を着用する場であり、そこでは行儀が悪い《フォームレス》振る舞いなどは不適切で人を幼稚に見せるため、そうした輩を「ゲーム」から退場させる場所である。たとえば市役所の議場などは地域すべてのコミュニティーにとっての有意義な活動に見合う理念《フレーム》が求められるため、いうなれば住宅の台所よりは高いステータスを表すものでなければならない。しかし建築というものは社会が必要とする施設をモニュメントに仕立て上げることに長けているから、おそらく何らかの方法を考えついて、価値がありそうな活動を形づくる提案《フレーム》を見出すだろう。

一方でドゥルーズ＝ガタリの考え方は、生活の非モニュメント的側面を促す傾向があり、いかなる不変性を確立することよりも、流動性や創造性（「生成」）を尊重するのだ。彼らの思想は、不変性に取り組もうとしてきたあらゆる建築家にとって課題になるものだろう。なぜなら彼らの主題である不安定さは、形体に対して建築の専門家がもつ伝統的な先入観とは相容れないからである。ドゥルーズ＝ガタリとともに、明確に規定された固いオブジェクトのような形体を捨て去り、形なき要素（経度）と一連の情動（緯度）の関係を描き始めるならば、人は身体の地図を構築することになるだろう（ここでの「身体」とはどんなものでも構わない。明確でも曖昧でも、ひとつのアイデアが全世界へと及ぶものでも、もちろん人の身体であっても、あるいは建物やそれらによる環境としての身体といった考えでも構わない）。

「このような経度と緯度の総体をもって、自然というこの内在の平面《プラン》、整合の平面《プラン》は、たえず変化しつつ、たえずさまざまな個体や集団によって組み直され再構成されながら、形づくられている」(Deleuze, 1970, pp. 127-8［邦訳書、二四六頁］)。このドゥルーズ＝ガタリの記述は、すなわち潜勢態についての記述であり、それらは形を持つことで現実化され、構成されたり再構成されたりするものである。つまり彼らのプログラムとは、人がすぐに行動できるような指示書を提供するのではなく、人が知り得るすべての解体を伴い、若干の秩序とともに世界がどのように形づくられ、崩壊するかを示すものだろう。思想や生物の環境が存在の創造や成長を形づくるように、思想や材料、政治などの環境が建物を形づくり、さらにはそうしてできた建物内外の環境が結果としてわれわれをさらに形づくることになる。「内在の平面《プラン》」とはさまざまな力が作用する環境のことだった。そしてそこに若干の秩序が加わると、身体がつくられる。それは反復句、すなわちコンセプトのことである。そして一度つくられた身体はやがて環境の一部となり、さらには未来の生成に影響を及ぼすことになるだろう。

与えられた初期条件や、作用する力のバランスにおける小さな変化が、かなり異なる結果を生み出すことがある。たとえば思想のエコロジーと資本の流通が、人間の住居や都市を生産するので、いまやそこかしこにきらびやかな鏡張りの摩天楼と、新植民地主義的な郊外化をもたらしている。しかしそれらは批判なく受け入れられる場合がある一方で、すぐに拒絶されてしまう場合もある。すなわちこの事実は、大きなメカニズムを広い展望もなく動かすものは小さなメカニズムであり、まさしくこの小さなメカニズムこそわれわれが目にする外観を生み出していることを理解する鍵になる。これはドゥルーズ＝ガタリが今まさに起きていることをわれわれに解明させて、あらゆる部分が広いつながりの自覚もなく、いかにしてすべてと結びついているかを確かめるための装置を与える段階であるだろう。

しかしある意味でこうしたプロセスは、われわれの思考や行動を含めた身のまわりにあるすべてにおいて、すでに現れているものである。そこで一人の芸術家でもある建築家に対するもうひとつの課題は、セザンヌが風景にそれ自身の構成を語らせたように（「あの山を見なさい、かつてあれは火だった」（Cézanne, (Deleuze, 1985, p. 328, n. 59［邦訳書、八二頁 n. 57］に引用））、人がこれらのプロセスにおいてリアリティを感じとる方法を見出すことだろう。いずれにせよその課題に取り組む人間にとっての建築とは、それらを形づくる偉大な力の逃れようのない表現である。そしてまた過去を省みる者にとっては、その建築がいつ建てられ、おそらくはそれがなぜ建てられたかも理解できるようになるだろう。彼らは建築物の設計者による意図が何であったにせよ、こうしたことを推論できるのだ。

グローバル化が進行するプロセスは、ある意味で個人支配から解放されるプロセスかもしれないが、一方で建物を生み出し形づくる際に重大な影響を与えることになるだろう。しかしそうした局面を適切に導けば、グローバル化の別の側面を表現できるようになる。目指すところは、大地の歌に声を与えることであり、すなわち他の可能性がどのようにあり得たか、あるいは出現した建築物がいかに潜勢態のカオスから現実化されたかを、カオスを垣間見ながら示すことかもしれない。偉大なモニュメントとは世界を再構築するものであり、世界のカオスのうちに根づく小さな秩序に基づいて、建物の形体内部や建物に関わる人々の生活内に入り込み、その生活の枠組み《フレームワーク》や、あるいはその一部を作り出すものである。建築物は「環境《ミリュー》」のうちで形成されるが、同時に自らの内部や周囲にも

「環境《ミリュー》」を有しているから、こうした環境において生の新しい概念や新しい様式が形づくられる。しかしこうした形体による領土化は、ドゥルーズ＝ガタリ自身が乗り越え、揺さぶり、脱領土化しようとしたものである。そのようにして彼らは、人がある程度まで成長すれば、カオスに対して開き、そこで見出したものを自ら受け止めることができるよう努めてきたのだ。人は習慣と常識に構造化された世界の外部に足を踏み出し、そこで起きていることをその目で確かめることになるだろう。主体、すなわち自分自身が無意識のとき（バックギャモンをしているとき）より明らかに、そしてより心地よく自分自身でいるのと同じように、「設計者」が多様性に開かれたとき、すなわち何か他のことを考えているときにこそ、客体、すなわち物は最高の形体に達することができるのだ。

【注】

1 これらすべての意味においてフランソワ・シャトレは、国家都市という古典的な考えに疑問を符し、ポリスとしてのアテネをどのようなものであれひとつの国家と同一視することを疑っている（《La Grèce classique, la Raison, l'Etat》, in *En marge, l'Occident et ses autres*, Aubier 所収）。これに類似した問題は、イスラム世界と一一世紀以降のイタリア、ドイツ、フランドル地方にも見られる。国家の形体を必要としない政治権力、たとえば、公務員も、軍隊も、司法に携わる人員をも持たないハンザ同盟自治都市。都市はつねに諸都市からなるネットワークの中にあり、「都市のネットワーク」はまさに「国家のモザイク構造」とは両立しないのである。これらについては François Fourquet et Lion Murard, *Généalogie des équipements collectifs*, 10–18, pp. 79–106 参照［ドゥルーズ＝ガタリによる脚注 Deleuze and Guattari, 1980, pp. 565-6［邦訳書、下三四九〜五〇頁］］。

2 バランタイン 2005, pp. 35-7, pp. 71-2, pp. 109-10 によるグレゴリー・ベイトソンの項を参照。

3 この一節については、ダイアン・ギラルド（Diane Ghirardo）'The Architecture of Deceit, Ballantyne, 2002, pp. 63-71 および

Johnson, 2001, pp.36-8で議論されている。

さらなる探求に向けて *Further Reading*

さて、次に何を読むべきか。それはもちろんドゥルーズ＝ガタリ自身の著作を読むべきだろう。彼らは共著で四冊の本を、単著ではそれぞれ多くの書籍を著している。本書では『資本主義と分裂症』のシリーズ二冊と『哲学とは何か』で示された多くの思想から、そのいくつかを取り上げて考察してきた。巻末に載せた参考文献は完全なものにはほど遠いが、ウェブで検索をすれば、すぐに最新のものが見つかるだろう（ウェブのアドレスは順次更新されるため引用しない）。また現在では役に立つ入門書がいくつか出版されている。そういった書籍はドゥルーズの思想に関心を持つ哲学者が書いているので、ドゥルーズ＝ガタリの思想というよりは、ドゥルーズの思想のみを取り上げたものが多いかもしれない。それらの著作は、読者が哲学の基礎知識をあらかじめ持つ者か、もしくはドゥルーズによって提起される哲学的問題の解決に関心を持つ者であることが前提で書かれている傾向にある。しかし私は本書の読者は建築の諸問題に興味があって、哲学書よりは建築書に対する基礎知識を持つ者だと考えている。

なじみがなくてわかりにくい文章を読むと、それが思うように理解できず、自分の知識が足りないことを実感する場面が多くある。ドゥルーズ＝ガタリの著作を読み始めるときの感覚がまさにそうだろう。しかし、そんな多くの読者がいくらか励みにしてほしいのは、彼らの著作から得るべきものとは、彼らがその本に込めた思いとは異なるものだということだ。要は彼らが言わんとすることを理解しようとするのではなく、むしろわれわれがこれまで行ってきた考え方を狂わせ、自身を啓発させる発想に触れるべきである。つまり彼らが読者に想定していたどんな発想とも異なる、われわれ自身の見解に思いを巡らすことなのだ。著者がどう考えていたかはともかく、建築家がそのように思考することは大切だろう。

創造的な誤読（もしくは逸脱）というものは、ドゥルーズ＝ガタリ＝世界においては全く正当なやり方である。そんな彼らに反して、知識をうやうやしく解説する賢人に彼らを仕立てあげ、彼らの思想こそ正統であると位置づけて、その名のもとに何かを行うことは納得がいくものではない。もちろんそれはドゥルーズ＝ガタリの世界への入門を目的とするような多くの学問や、本書のような書物によくあることだ。しかし本書はより正確にはドゥルーズ＝ガタリ＝バランタインの世界であって、ドゥルーズ＝ガタリの研究の別の側面に注目する他の読者が描く世界とは全く異なるものとして書いている。

ドゥルーズ＝ガタリが引き起こしたこととはいったいどういうことであり、彼らの作品をよりわかりやすくするための註釈がなぜ必要とされているかを理解するだけならば、冒頭で示したように彼らの著作を読むべきである。たとえば『資本主義と分裂症』の二冊は、入念に論述されたひと続きの著作としてよりはむしろ、創造性を刺激するものとして構想されているため、最初に読むべき本として妥当だろう。ここには精密な論理を見出せるものの、読者が望むような哲学的文章では書かれていない。根本的な議論はドゥルーズやガタリ、あるいは他の論考によってすでに述べられていることであるから、内容は「周知のこととみなされている」ものである。しかし彼らがとる方法はすでに展開されたコンセプトの具体例を示すことであり、それらの例はたいてい人目を引くものになっている。こうした具体例や、具体的に示された概念から始めて、それがどこに通じるかを確かめてゆくという彼らの方法を、本書でも踏襲しようと試みた。それはドゥルーズ＝ガタリが取り組んだ環境《ミリュー》へと立ち返ることで、自身の経験によって具体的に形を与えられた諸問題へと展開していくものである。

『アンチ・オイディプス』や『千のプラトー』との出会いに代わるものはないが、それらは短時間で目を通しただけでは十分に理解できるものではない。読んで当惑させられると思ったほうが良いだろう。しかしときに文章中の意味がつながることで、読む気力が湧いてくることがある。ちょうど努力が報われるような感覚だ。いくつかの概念が心に引っかかって、消えずに残り、当初は気にもしなかったものが、少しずつ重要に思えてくるようになるだろう。それは何度も繰り返し考え直してゆくことではじめて得られるものだ。特にドゥルーズ＝ガタリの著作のどこか他の部分や、彼らが対談する記事など関連した書籍を読んだ後になって、編まれた網の目のように概念がまとまっていく。つまり一度読んだだけではすべてがわかるものではない。

『アンチ・オイディプス』と『千のプラトー』において共通する考えは、すでにドゥルーズ初期の著作である『差異と反復』（一九六八年）と『意味の論理学』（一九六九年）において追求されている。しかしこれらには『アンチ・オイディプス』や『千のプラトー』に見られる言葉遊びや暗示はない。この点についてはトッド・メイ（Todd May）が『*Gilles Deleuze: An Introduction*』（May, 2005）において、優れたアプローチでの明晰な考察を行っている。この本ではまず「人はいかに暮らすことが可能か」という問いを投げかけているが、これこそ本来は建築家が追求すべき問題だろう。またライダー・デュー（Reidar Due）による『ドゥルーズ哲学のエッセンス――思考の逃走線を求めて』（二〇〇七年）はドゥルーズとガタリの共著におけるいくつかの議論を理解する手助けをするし、クレア・コールブルック（Claire Colebrook）の『ジル・ドゥルーズ』（二〇〇二年、二〇〇六年）や、ドゥルーズ=ガタリに言及しているジャン=ジャック・ルセルクル（Jean-Jacques Lecercle）による、一時的な精神錯乱を扱った文学に関する研究である『*Philosophy Through the Looking Glass*』（Lecercle, 1985）なども役に立つだろう。これらは建築書ではないが、ドゥルーズ=ガタリの思想がどのように位置づけられているかの理解を助けてくれる。

またドゥルーズの死後に刊行された、エッセイとインタビューがまとめられた『無人島』（二〇〇二年）と『狂人の二つの体制』（二〇〇三年）からも同様の知見を得ることができる。これらの本には、刊行当時の紹介記事や報道記事も掲載されている。これらは、実際の著作に書かれた文章よりも「テクニカル」ではないため、いうなればドゥルーズ自身による自著の解説書のようになっている。一応挙げておくならば、エッセイを集めた『記号と事件』(一九九〇年)や『批評と臨床』(一九九三年)も同様のことが言えるだろう。しかしクレール・パルネ(Claire Parnet)との共著である『ディアローグ』(一九七七年)は、表向きにはドゥルーズの思想についての入門書であり、概論になっているものではあるが、はじめて手にとる入門書としては難解だろう。

とりわけ建築に関連した内容で、最も純粋なドゥルーズ派の流れをくんだ著作として、ベルナール・カッシュ(Bernard Cache)による『*Earth Moves : The Furnishing of Territories*』(Cache, 1995)がある。カッシュはドゥルーズの有名な講義を受けており、ドゥルーズもまた当時未刊だったカッシュの草稿に言及している。「この地理学的、建築的、そしてとりわけ調度品に関する示唆に満ちたテクストは、襞の理論全体にとって本質的である」(Deleuze, 1988, p. 144〔邦訳書、二九頁〕)とドゥルーズは述べている。ドゥルーズは変化率に対応する微積分学であるライプニッツ数学に、バロックの装飾である無限の襞とフラクタル幾何学における無限の遡及を関連させた。ドゥルーズ派に限ることなく、襞に関するさまざまな考えは、グレッグ・リン(Greg Lynn)による『*Folding in Architecture*』(Lynn, 1993)にまとめられている。リンは建築プロジェクトにおいてデジタル技術によるさまざまな形体の実験を行っており(Lynn, 1998a, 1998b, and 2006)、「形態生成」の名のもとに新しいデジタルな形体が提案されている（Hensel, 2004, 2006）。またジョン・ライクマン（John Rajchman）のエッセイ集である『*Constructions*』（Rajchman, 1998）と『*The Deleuze Connections*』（Rajchman, 2000）における彼のアプローチは、建築の文化的背景を素描したドゥルーズの概念を検証したものと言える。それは非常に洗練された著作であるが、建築の世界に身を置いたことがあり、哲学者の名前に抵抗のない読者にとっては理解しやすいものになっている。他にも建築について書かれた個々のエッセイで、ここで言及すべきものとして、ポール・A・ハリス（Paul André Harris）によって著されたロサンゼルスに建つ「ワッツ・タワー」（Buchanan, 2005）についての論考や、イアン・ブキャナン（Ian Buchanan）によって著された「ボナベンチャー・ホテル」（Buchanan, 2000）についての論考などが挙げられる。このうち後者については私自身の著作である『*Architecture Theory*』でも扱っている。この本では本書で示したいくつかの概念を取り上げており、ドゥルーズ＝ガタリ＝バランタインの世界をさらに開くものであるからこそ推薦したい。彼らの思想の実験主義的側面は、アメリカの実践主義の伝統と建築に関連しているものである。

さらにマヌエル・デランダ（Manuel Delanda）はドゥルーズについて広範囲かつ説得力に富む内容を著している（Delanda, 2002）。すなわち建築材料や、その使用についての認識という、いうなれば物理学の概念化といった建築家の関心に関連するものだ。これがきっかけとなり、ライザー＝ウメモト（Reiser and Umemoto）は『アトラス――新しい建築の見取り図』（二〇〇六年）の考えを生むことになる。デランダの『*A Thousand Years of Nonlinear History*』(Delanda, 1997) はドゥルーズ＝ガタリに基づきながらも、類いまれな力作となっている。地質学の広大で持続的なスケールから遺伝子学の分子レベルのスケールに至るまで、人間の経験的スケールとは全く異なるスケールで作用する内容を生み出し、ドゥルーズ＝ガタリによる思想の解釈を行っている。その後、彼は研究手段をさらに変えることで、『*A New Philosophy of Society*』(Delanda, 2006) へと展開させている。

一方、ガタリの初期著作は『分子革命』(一九八四年) で書かれたように社会的であり、臨床的であり、政治的な思想につながりを持つものだったが、むしろ建築家が読む本としては、彼の晩年の著作である『三つのエコロジー』(一九八九年) や『カオスモーズ』(一九九二年) のようにグリーン・ポリティクスの政治思想が述べられているもののほうが理解しやすいだろう。

ドゥルーズ＝ガタリは数多くの思想や議論と関わりを持つため、今後も彼らに言及した文献はますます増え続け、すべてを把握するのは困難になるだろう。彼らは拡散し、彼らは遍在しているのだ。もし自分の中にひとつの思想が確立されたなら、その思想と照らし合わせて読み進めればよい。しかしその思想はあちこちへとジグザグに進み、予期せぬところに辿り着くことになる。おそらくそれは、結論には永遠に達することのない思想になるだろう。

引用・参考文献　*Bibliography*

※本書における引用部について、国内で訳書が刊行されてるものについては、当訳文を使用している。ただし文中の訳語や表現で他箇所との統一が必要な場合等においては、適宜訳文を変更した。

Adam, Peter（2000）*Eileen Gray: Architect/Designer*, New York: Abrams 1987, revised 2000.（ピーター・アダム『新版　アイリーン・グレイ―建築家・デザイナー』小池一子訳、みすず書房、二〇一七年）

Arnold, Dana and Ballantyne, Andrew（2004）*Architecture as Experience: Radical Change in Spatial Practice*, London: Routledge.

Artaud, Antonin（1947）*Pour en finir avec le jugement de dieu*, translated by Helen Weaver（1988）'To Have Done with the Judgement of God', in Anton in Artaud, *Selected Writings*, edited by Susan Sontag, New York: Farrar, Strauss & Giroux.（アントナン・アルトー『神の裁きと訣別するため』宇野邦一・鈴木創士訳、河出書房新社、二〇〇六年）

Bachelard, Gaston（1950）*La dialectique de Ia durée*, Paris: Presses Universitaires de France.（ガストン・バシュラール『持続の弁証法』掛下栄一郎訳、国文社、一九七六年）

Ballantyne, Andrew（1997）*Architecture, Landscape and Liberty: Richard Payne Knight and the Picturesque*, Cambridge: Cambridge University Press.

——（2002）*What is Architecture?*, London: Routledge.

——（2005）*Architecture Theory,* London: Continuum.

Bataille, Georges（1931）*L'Anus solaire*, illustrated by André Masson, Paris: André Simon; text in（1970）Oeuvres complètes, vol. 1, Paris: Gallimard.（ジョルジュ・バタイユ『眼球譚』所収「太陽肛門」生田耕作訳、二見書房、一九七一年）

——（1949）*La Part maudite: essai d'économie générale*, 3 vols, Paris: Editions de Minuit; translated by R. Hurley（1988, 1991）*The Ac-*

cursed Share, 2 vols (the title of vol. 2 is *The Accursed Share: Volumes 2 and 3*) New York: Zone Books.（『呪われた部分 有用性の限界』中山元訳、筑摩書房、二〇〇三年）

Bell, Vikki (1999) *Performativity and Belonging*, London: Sage.

Berendt, John (1994) *Midnight in the Garden of Good and Evil: a Savannah Story*, New York: Random House.（ジョン・ベレント『真夜中のサヴァナ―楽園に棲む妖しい人びと』真野明裕訳、早川書房、一九九八年）

Buchanan, Ian (2000) *Deleuzism: A Metacommentary*, Edinburgh: Edinburgh University Press.

——(2005) 'Space in the Age of Non-Place', in Buchanan and Lambert (2005) 16-35.

Buchanan, Ian and Lambert, Gregg (2005) *Deleuze and Space*, Edinburgh: Edinburgh University Press.

Büchner, Georg (1839) *Lenz*, Frankfurt: Deutscher Klassiker Verlag [1999]; translated by Richard Sieburth (2004) *Lenz*, New Yok: Archipelago Books.

——(1993) translated by John Reddick, *Complete Plays, Lenz and Other Writings*, Harmondsworth: Penguin.（ゲオルク・ビューヒナー『ヴォイツェク ダントンの死 レンツ』岩淵達治訳、岩波書店、二〇〇六年所収）

Butler, Samuel (1872) Erewhon, London.（サミュエル・バトラー『エレホン―山脈を越えて』山本政喜訳、岩波書店、一九五二年）

Byron, [George Gordon] Lord (1812-18) *Childe Harold's Pilgrimage*, London: John Murray.（ジョージ・ゴードン・バイロン『チャイルド・ハロウドの巡礼』土井晩翠訳、二松堂、一九二四年）

Cache, Bernard (1995) translated by Anne Boyman, *Earth Moves: The Furnishing of Territories*, Cambridge, MA: MIT Press; French edition (1997) *Terre meuble*, Orleans: Editions HYX.

Camazine, Scott, *et al.* (2001) *Self-Organization in Biological Systems*, edited by Scott Camazine, Jean-Louis Deneubourg, Nigel R. Franks, James Sneyd, Guy Theraulaz, Eric Bona beau, Princeton, NJ: Princeton University Press.（スコット・カマジン他『生物にとって自己組織化とは何か―群れ形成のメカニズム』松本忠夫・三中信宏訳、海游舎、二〇〇九年）

Canetti, Elias (1973) translated by Carol Stewart, *Crowds and Power*, Harmondsworth: Penguin.（エリアス・カネッティ『群衆と権

力』岩田行一訳、法政大学出版局、一九七一年)

Chipperfield, David (1994) *Theoretical Practice*, London: Artemis.

Chrétien de Troyes (1181-90a) *Perceval* (*Le Conte du Graal*) translated by William W. Kibler (2004) 'The Story of the Grail (Perceval)' in *Arthurian Romances*, Harmondsworth: Penguin.

——(1181-90b) *Perceval* (*Le Conte du Graal*) translated by Robert White Linker (1952) *The Story of the Grail*, Chapel Hill, NC: University of North Carolina Press.(クレティアン・ド・トロワ『『獅子の騎士』—フランスのアーサー王物語』菊池淑子訳、平凡社、一九九四年)

Clare, John (1819) 'The Woodman', in (1984) *John Clare: A Critical Edition of the Major Works*, edited by Eric Robinson and David Powell, Oxford: Oxford University Press.

Colebrook, Claire (2002) *Gilles Deleuze*, London: Routledge.(クレア・コールブルック『ジル・ドゥルーズ』國分功一郎、青土社、二〇〇六年)

——(2006) *Deleuze: A Guide for the Perplexed*, London: Continuum.

Cressole, Michel (1973) *Deleuze*, Paris: Editions Universitaires.

Dawkins, Richard (1976) *The Selfish Gene*, Oxford: Oxford University Press.(リチャード・ドーキンス『利己的な遺伝子』日高敏隆他訳、紀伊國屋書店、二〇〇六年)

Delanda [or De Landa], Manuel (1991) *War in the Age of Intelligent Machines*, New York: Zone Books.(マヌエル・デランダ『機械たちの戦争』杉田敦訳、アスキー出版局、一九九七年)

——(1997) *A Thousand Years of Nonlinear History*, New York: Zone Books.

——(2002) *Intensive Science and Virtual Philosophy*, London: Continuum.

——(2005) 'Space: Extensive and Intensive, Actual and Virtual', in Buchanan and Lambert (2005) 80-8.

——(2006) *A New Philosophy of Society Assemblage Theory and sociela complexity*, London: Continuum.(マヌエル・デランダ『社会の

新たな哲学―集合体、潜在性、創発』篠原雅武訳、人文書院、二〇一五年）

Delbos, Victor（1893）*Le Problème moral dans la philosophie de Spinoza et dans l'histoire du spinozisme*, Paris: Alcan.

――（1950）*Le Spinozisme*, Paris: Vrin.

Deleuze, Gilles（1953）*Empirisme et subjectivité: essai sur la nature humaine selon Hume*, Paris: Presses Universitaires de France; translated by Constantin V. Boundas（1991）*Empiricism and Subjectivity: An Essay on Hume's Theory of Human Nature*, New York: Columbia University Press.（ジル・ドゥルーズ『経験論と主体性―ヒュームにおける人間的自然についての試論』木田元・財津理訳、河出書房新社、二〇〇〇年）

――（1962）*Nietzsche et philosophie*, Paris: Presses Universitaires de France; translated by Hugh Tomlinson（1983）Nietzsche and Philosophy, London: Athlone.（『ニーチェと哲学』江川隆男訳、河出書房新社、二〇〇八年）

――（1963）*La Philosophie critique de Kant*: doctrine des facultés, Paris: Presses Universitaires de France; translated by Hugh Tomlinson and Barbara Habberjam（1984）*Kant's Critical Philosophy: The Doctrine of the Faculties*, Minneapolis, MN: Minnesota University Press.（『カントの批判哲学』國分功一郎訳、ちくま学芸文庫、二〇〇八年）

――（1965）*Nietzsche*, Paris: Presses Universitaires de France.（『ニーチェ』湯浅博雄訳、ちくま学芸文庫、一九九八年）

――（1966）*Bergsonisme*, Paris: Presses Universitaires de France; translated by Hugh Tomlinson and Barbara Habberjam（1988）*Bergsonism*, New York: Zone Books.（『ベルクソンの哲学』宇波彰訳、法政大学出版局、一九七四年）

――（1968）*Différence et répétition*, Paris: Presses Universitaires de France; translated by Paul Patton（1994）*Difference and Repetition*, London: Athlone.（『差異と反復』財津理訳、河出書房新社、一九九二年）

――（1968）*Spinoza et le problème d'expression*, Paris: Les Editions de Minuit; translated by Martin Jouchin（1990）*Expressionism in Philosophy: Spinoza*, New York: Zone Books.（『スピノザと表現の問題』工藤喜作・小柴康子・小谷晴勇訳、法政大学出版局、一九九一年）

――（1969）*Logique du sens*, Paris: Editions du Minuit; translated by Mark Lester and Charles Stivale（1990）*Logic of Sense*, edited by

Constantin V. Boundas, New York: Columbia University Press.（『意味の論理学　上・下』小泉義之訳，河出書房新社，二〇〇七年）

——(1970) *Spinoza: Philosophie pratique*, Paris: Presses Universitaires de France; revised and expanded (1981) Paris: Les Edition de Minuit; translated by Robert Hurley (1988) *Spinoza: Practical Philosophy*, San Francisco, CA: City Lights.（『スピノザ　実践の哲学』鈴木雅大訳，平凡社，二〇〇二年）

——(1983) *Cinéma 1: L'Image-mouvement*, Paris: Les Editions de Minuit; translated by Hugh Tomlinson and Barbara Habberjam (1986) *Cinema 1: The Movement-Image*, London: Athlone.（『シネマ１＊運動イメージ』財津理・齋藤範訳，法政大学出版局，二〇〇八年）

——(1985) *Cinéma 2: L'lmage-temps*, Paris: Les Editions de Minuit; translated by Hugh Tomlinson and Robert Galeta (1989) *Cinema 2: The Time-Image*, London: Athlone.（『シネマ２＊時間イメージ』宇野邦一他訳，法政大学出版局，二〇〇六年）

——(1988a) *Périclès and Verdi: Ia philosophie de Franrçois-Châteler*, Paris, Minuit.（「ペリクレスとヴェルディ」『ドゥルーズ横断』宇野邦一編，河出書房新社，一九九四年に邦訳収録）

——(1988b) *Le Pli: Leibniz et le baroque*, Paris: Les Editions de Minuit; translated by Tom Conley (1993) *The Fold: Leibniz and the Baroque*, London: Athlone.（『襞—ライプニッツとバロック』宇野邦一訳，河出書房新社，一九九八年）

——(1990) *Pourparlers*, Paris: Les Editions de Minuit; translated by Martin Jouchin (1995) *Negotiations*, New York: Columbia University Press.（『記号と事件—1972-1990 年の対話』宮林寛訳，河出書房新社，二〇〇七年）

——(1993) *Critique et clinique*, Paris: Les Editions de Minuit; translated by Martin Jouchin (1997) *Essays Critical and Clinical*, Minneapolis, MN: Minnesota University Press.（『批評と臨床』守中高明・谷昌親訳，河出書房新社，二〇一〇年）

——(2002) *lles désertes*, edited by David Lapoujade, Paris: Editions de Minuit; translated by Michael Taormina (2004) *Desert Islands*, New York: Semiotext (e).（『無人島 1953-1968』，『無人島 1969-1974』宇野邦一他訳，河出書房新社，二〇〇三年）

——(2003) *Deux régimes de fous*, edited by David Lapoujade, Paris: Editions de Minuit; translated by Ames Hodges and Michael Taormina (2006) *Two Regimes of Madness*, New York: Semiotext (e).（『狂人の二つの体制 1975-1982』，『狂人の二つの体制 1983-

1995』宇野邦一他訳、河出書房新社、二〇〇四年）

Deleuze, Gilles and Guattari, Félix (1972) *Capitalisme et schizophrénie 1: L'Anti-Oedipe*, Paris: Editions du Minuit; translated by Robert Hurley, Mark Seem and Helen R. Lane (1977) *Capitalism and Schizophrenia 1: Anti-Oedipus*, New York: Viking.（ジル・ドゥルーズ、フェリックス・ガタリ『アンチ・オイディプス　資本主義と分裂症　上・下』宇野邦一訳、河出書房新社、二〇〇六年）

——(1975) *Kafka: Pour une litérature mineure*, Paris: Editions du Minuit; translated by Dana Polan (1986) *Kafka: Toward a Minor Literature*, Minneapolis, MN: Minnesota University Press.（『カフカ―マイナー文学のために』宇波彰・岩田行一訳、法政大学出版局、一九七八年）

——(1976) *Rhizome*, Paris Editions du Minuit.（『リゾーム』豊崎光一訳、朝日出版社、一九七七年）

——(1980) *Capitalisme et schizophrénie 2: Mille plateaux*; translated by Brian Massumi (1987) *Capitalism and Schizophrenia 2: A Thousand Plateaus*, Minneapolis, MN: Minnesota University Press.
（『千のプラトー　資本主義と分裂症　上・中・下』宇野邦一＋小沢秋広＋田中敏彦＋豊崎光一＋宮林寛＋守中高明訳、河出書房新社、二〇一〇年）

——(1991) *Qu'est-ce que la philosophie?*, Paris: Editions du Minuit; translated by Graham Burchell and Hugh Tomlinson (1994) *What Is Philosophy?*, New York: Columbia University Press.（『哲学とは何か』財津理訳、河出書房新社、二〇一二年）

Deleuze, Gilles and Parnet, Claire (1977) *Dialogues*, Paris, Flammarion; translated by Hugh Tomlinson and Barbara Habberjam (1987) *Dialogues*, London: Athlone; reissued with supplementary material (2002) *Dialogues II*, London: Continuum.（ジル・ドゥルーズ、クレール・パルネ『ディアローグ』江川隆男・増田靖彦訳、河出書房新社、二〇一一年）

Detienne, Marcel (1989) translated by Arthur Goldhammer (1989) *Dionysus at Large*, Cambridge, MA: Harvard University Press.

Diogenes of Sinope (c. 340 BC) translated by Guy Davenport (1979) *Herakeitos and Diogenes*, San Francisco, CA: Grey Fox.（マルセル・ドゥティエンヌ『ディオニュソス―大空の下を行く神』及川馥・吉田正敞訳、法政大学出版局（一九九二年））

Drexler, K. Eric（1986）*Engines of Creation: The Coming Era of Nanotechnology*, New York: Randon House.（キム・エリック・ドレクスラー『創造する機械—ナノテクノロジー』相沢益男訳、パーソナルメディア、一九九二年）

Due, Reidar（2007）*Deleuze*, London: Polity.（ライダー・デュー『ドゥルーズ哲学のエッセンス—思考の逃走線を求めて』中山元訳、新曜社、二〇〇九年）

Dupréel, Eugene（1933）*Théorie de Ia consolidation: La cause et l'intervalle*, Brussels: M. Lamertin.

——（1939）*Esquisse d'une philosophie des valeurs*, Paris Alcan.

——（1961）*La consistence et Ia probabilité objective*, Brussels: Académie Royale de Belgique.

Engels, Friedrich（1845）*Die Lagen der arbeitenden Klasse in England*, Leipzig, translated by Florence Wischnewetsky, *The Condition of the Working Classes in England in 1844*, reprint 1973, Moscow: Progress.（フリードリッヒ・エンゲルス『イギリスにおける労働者階級の状態　上・下』浜林正夫訳、新日本出版社、二〇〇〇年）

Feher, Michel（1989）*Zone: Fragments for a History of the Human Body*, edited by Michel Feher, 3 vols（numbered 3, 4 and 5）, Cambridge, MA: MIT Press.

Fitton, R.S.（1989）*The Arkwrights: Spinners of Fortune*, Manchester: Manchester University Press.

Foucault, Michel（1970）'*Theatrum Philosophicum*', in *Critique* 282,885-908, Paris; translated by Sherry Simon（1977）'*Theatrum Philosophicum*', in *Language, Counter-Memory, Practice*, edited by Donald F. Bouchard, Ithaca: Cornell University Press.（ミシェル・フーコー「劇場としての哲学」『フーコーそして／あるいはドゥルーズ』蓮實重彦訳、小沢書店、一九七五年に収録）

Fourquet, François and Murard, Lion（1976）*Les équipments de pouvoir: ville, territories et équipements collectifs*, Paris: 10/18.

Freud, Sigmund（1911）, Psychoanalytische Bemerkungen Über Einen Autobiographisch Beschiebenen Fall Von Paranoia（*Dementia Paranoides*）' Jb. psychoanalyt. Psychopath. Forsch., 3（1）9-68; translated by James Strachey and Angela Richards（1955）' Psycho-Analytic Notes upon an Autobiographical Account of a Case of Paranoia（*Dementia Paranoides*）（Schreber）', in Sigmund Freud（1991）, *Case Studies 2*（vol. 9 of *The Penguin Freud Library*）Harmondsworth: Penguin.（ジークムント・フロイト「自伝的に記述

されたパラノイアの一症例に関する精神分析的考察〔シュレーバー〕」渡辺哲夫訳『フロイト全集一一』岩波書店、二〇〇九年に収録)

Fuller, Buckminster (1963) *Operating Manual for Spaceship Earth*, New York: E. P. Dutton.（バックミンスター・フラー『宇宙船地球号操縦マニュアル』芹沢高志、筑摩書房、二〇〇〇年）

Genosko, Gary (2002) *Félix Guattari: An Aberrant Introduction*, London: Continuum.

——(2006) 'Busted: Félix Guattari and the *Grande Encyclopédie des Homosexualités*' in *Rhizomes*, 11/12, Fall 2005/Spring 2006.

Gilliard, E.T. (1969) *Birds of Paradise and Bower Birds*, London: Weidenfeld.

Goodman, Nelson (1978) *Ways of Worldmaking*, Hassocks: Harvester Press.（ネルソン・グッドマン『世界制作の方法』菅野盾樹訳、筑摩書房、二〇〇八年）

Guattari, Félix (1979) *L'lnconscient machnique: essays de schizo-analyse*, Clamecy: Editions Recherches.（フェリックス・ガタリ『機械状無意識―スキゾ分析』高岡幸一訳、法政大学出版局、一九九〇年）

——(1984) translated by Rosemary Sheed, *Molecular Revolution: Psychiatry and Politics*, edited by Ann Scott, Harmondsworth: Penguin.（『分子革命―欲望社会のミクロ分析』杉村昌昭訳、法政大学出版局、一九八八年）

——(1989) *Les troìs écologies*, Paris: Galilée, translated by lan Pindar and Paul Sutton (2000) *The Three Ecologies*, London: Athlone.（『三つのエコロジー』杉村昌昭訳、平凡社、二〇〇八年）

——(1992) *Chaosmose*, Paris: Galilée, translated by Paul Bains and Julian Pefamis (1 995) *Chaosmosis: An Eco-Aesthetic Paradigm*, Sydney: Power Publications.（『カオスモーズ』宮林寛・小沢秋広訳、河出書房新社、二〇〇四年）

——(1996a) translated by David L. Sweet and Chet Wiener, *Soft Subversions*, edited by Sylvère Lotringer, New York: Semiotext (e)

——(1996b) *The Guattari Reader*, edited by Gary Genosko, Oxford: Blackwell.

——(2002) '*La Philosophie est essentielle à l'existence humaine*': *entretien avec Antoine Spire*, Paris: L'Aube.

——(2005) *Ecrits pour I'Anti-Oedipe*, edited by Stéphane Nadaud, Paris: Léo Scheer; translated by Kélina Gotman (2006) *The Anti-*

Oedipus Papers, New York: Semiotext (e).（『アンチ・オイディプス草稿　ステファン・ナドー編』國分功一郎・千葉雅也訳、みすず書房、二〇一〇年）

Harris, Paul André (2005) 'To See with the Mind and Think Through the Eye: Deleuze, Folding Architecture, and Simon Rodia's Watts Towers', in Buchanan and Lambert (2005) 36-60.

Haudricourt, André (1962) 'Domestication des animaux, culture des plantes et traitement d'aurtui', in *L'Homme*, vol. 2, no. 1 (January-April 1964) 40-50.

——(1964) 'Nature et culture dans Ia civilisation de l'igname: l'origine des cloues et des dans, L'Homme, vol. 4, no. 2 (January-April 1964) 93-1 04.

Heidegger, Martin (1929-30) [1983] *Die Grundbegriffe der Metaphysik. Welt-Endlichkeit- Einsamkeit*, Frankfurt: Vittorio Klostermann; translated by William McNeill and Nicholas Walker (1995) *The Fundamental Concepts of Metaphysics: World, Finitude, Solitude*, Bloomington, IN: Indiana University Press.（マルティン・ハイデッガー『形而上学の根本諸概念—世界—有限性—孤独』川原栄峰・セヴェリン・ミュラー訳、創文社、一九九八年）

Hensel, Michael (2004) *Emergence: Morphogenetic Design Strategies*, edited by Michael Hensel, Achim Menges and Michael Weinstock, London: WileyAcademy.

——(2006) *Techniques and Technologies in Morphogenetic Design*, edited by Michael Hensel, Achim Menges and Michael Weinstock, London: WileyAcademy.

Hofstadter, Douglas R. (1979) *Gödel, Escher, Bach: An Eternal Golden Braid*, New York: Basic Books.（ダグラス・リチャード・ホフスタッター『ゲーデル、エッシャー、バッハ—あるいは不思議の環』野崎昭弘・はやしはじめ・柳瀬尚紀訳、白揚社、一九八五年）

Holland, Eugene W. (1999) *Deleuze and Guattari's Anti-Oedipus: Introduction to Schizoanalysis*, London: Routledge.

Horrobin, David (2001) *The Madness of Adam and Eve: How Schizophrenia Shaped Humanity*, London: Transworld.

Hume, David (1739) *A Treatise of Human Nature*, Edinburgh; edited by L.A. Selby-Bigge and PH Nidditch (1978) Oxford: Clarendon Press.（デイヴィッド・ヒューム『人性論　全四巻』大槻春彦訳、岩波書店、一九四八〜一九五二年）

——(1751) *An Enquiry Concerning Human Understanding*, Edinburgh; edited by L.A. Selby-Bigge and P.H. Nidditch along with *An Enquiry Concerning the Principles of Morals* and *A Dialogue* (1975) Oxford: Clarendon Press.（『人間知性研究』斎藤繁雄・一ノ瀬正樹訳、法政大学出版局、二〇〇四年、二〇〇九年（新装版））

——(1779) *Dialogues Concerning Natural Religion*, London.（『自然宗教に関する対話—ヒューム宗教論集二』福鎌忠恕・斎藤繁雄訳、法政大学出版局、一九七五年、二〇一一年（新装版））

——(1777) *Essays and Treatises on Several Subjects*, 2 vol., London: T. Cadell

Jaeglé, Claude (2005) *Portrait oratoire de Gilles Deleuze aux yeux jaunes*, Paris: Presses Universitaires de France.

James, Henry (1909) 'Preface', in *The Wings of the Dove* (first published 1902) New York: Scribner.（ヘンリー・ジェイムズ『ヘンリー・ジェイムズ　『ニューヨーク版』序文集』多田敏男訳、関西大学出版部、一九九〇年に収録）

Jeanmaire, Henri (1970) *Dionysus, histoire du culte de Bacchus*, Paris: Payot.（アンリ・ジャンメール『ディオニュソスバッコス崇拝の歴史』小林真紀子・松村一男・福田素子・前田寿彦訳、言叢社、一九九一年）

Johnson, Steven (2001) *Emergence: The Connected Lives of Ants, Brains, Cities and Software*, New York: Scribner.（スティーブン・ジョンソン『創発—蟻・脳・都市・ソフトウェアの自己組織化ネットワーク』山形浩生訳、厚徳社、二〇〇四年）

Kaufmann, Eleanor (2001) *The Delirium of Praise: Bataille, Blanchot, Deleuze, Foucault, Klossowski*, Baltimore, MD: Johns Hopkins University Press.

Khalfa, Jean (2003) *An Introduction to the Philosophy of Gilles Deleuze*, London: Continuum.

Lavin, Sylvia (1992) *Quatremère de Quincy and the Invention of a Modern Language of Architecture*, Cambridge, MA: MIT.

Lecercle, Jean-Jacques (1985) *Philosophy Through the Looking Glass: Language, Nonsense, Desire*, La Salle, IL: Open Court.

Le Corbusier (1923) *Vers une architecture*, Paris: Crès; translated by Frederick Etchells (1987) *Towards a New Architecture*, London,

Architectural Press.（ル・コルビュジエ『建築をめざして』吉阪隆正訳，鹿島出版会，一九六七年）

Leroi-Gourhan, André（1945）*Milieu et techniques*, Paris: Albin Michel.

——（1964）*Le Geste et la parole*, Paris: Albin Michel; translated by Anna Bostock Berger（1993）*Gesture and Speech*, Cambridge, MA: MIT Press.（アンドレ・ルロワ=グーラン『身ぶりと言葉』荒木亨訳，筑摩書房，二〇一二年）

Lestel, Dominique（2001）*Les Origines animales de la culture*, Paris: Flammarion

Loughlin, Gerard（2003）*Alien Sex: The Body and Desire in Cinema and Theology*, Oxford: Blackwell.

Lowry, Malcolm（1933）*Ultramarine*, Philadelphia, PA: Lippincott［1962］.

Lynn, Greg（1993）*Folding in Architecture*, London: Academy. Revised edition 2004.

——（1998a）*Folds, Bodies and Blobs*, Brussels: La Lettre Volee.

——（1998b）*Animate Form*, Princeton, NJ: Princeton Architectural Press.

——（2006）*Predator*, Seoul: DAMDI Publishing.

Malamud, Bernard（1966）*The Fixer*, New York: Farrar, Strauss & Giroux.（バーナード・マラムード『修理屋』橋本福夫訳，早川書房，一九六九年）

Marks, John（1998）*Deleuze: Vitalism and Multiplicity*, London: Pluto.

Marshall, Alan John（1954）*Bower Birds*, Oxford: Clarendon Press.

Marx, Karl and Engels, Friedrich（1848）*Manifest der Kommunistischen Partei*, London: Bildungsgesellschaft für Arbeiter; translated by Samuel Moore（1888）*The Communist Manifesto*, reprinted Harmondsworth: Penguin, 1967.（カール・マルクス，フリードリッヒ・エンゲルス『共産党宣言』新訳刊行委員会訳，現代文化研究所，二〇〇二年）

Marx, Karl（1867-94）*Das Kapital: Kritik der politischen Ökonomie*, Hamburg: Meissner, translated by Ben Fowkes（1976）*Capital: A Critique of Political Economy*, Harmondsworth: Penguin, 3 vols.（カール・マルクス『資本論』岡崎次郎訳，大月書店，一九七二年）

Massumi, Brian (1992) *A User's Guide to Capitalism and Schizophrenia*, Cambridge, MA: MIT Press.

——(2002) *Parables for the Virtual: Movement, Affect, Sensation*, Durham, NC: Duke University Press.

May, Todd (2001) *Our Practices, Our Selves, or: What it Means to be Human*, University Park, PA: Penn State Press.

——(2005) *Gilles Deleuze: An Introduction*, Cambridge: Cambridge University Press.

Melville, Herman (1851) *Moby-Dick, or: The Whale*, New York: Harper & Brothers.（ハーマン・メルヴィル『白鯨』田中西二郎訳、新潮社、一九五二年）

Merleau-Ponty, Maurice (1995) *La Nature: Notes cours du Collège de France*, edited by D. Seglard, Paris: Seuil; translated by R. Vallier (2003) *Nature: Course Notes from the Collège de France*, Evanston, IL: Northwest University Press.

Minsky, Marvin (1985) *The Society of Mind*, New York: Simon & Schuster.（マーヴィン・ミンスキー『心の社会』安西祐一郎訳、産業図書、一九九〇年）

——(2006) *The Emotion Machine: Commonsense Thinking, Artificial Intelligence, and the Future of the Human Mind*, New York: Simon & Schuster（『ミンスキー博士の脳の探検—常識・感情・自己とは』竹林洋一訳、共立出版、二〇〇九年）

Nietzsche, Friedrich (1878) *Menschliches Allzumenschliches*; translated by R.J. Hollingdale (1986) Human, All Too Human, Cambridge: Cambridge University Press.（フリードリッヒ・ニーチェ『人間的、あまりに人間的I』（ニーチェ全集五）池尾健一訳、筑摩書房、一九九四年）

——(1883) *Also sprach Zarathustra: ein Buch für Alle und Keinen*, translated by Walter Kaufmann (1954) *Thus Spoke Zarathustra: a Book for All and None*, in *The Portable Nietzsche*, New York: Viking.（『ツァラトゥストラかく語りき』佐々木中訳、河出書房、二〇一五年）

——(1886) *Jenseits von Gut und Böse- Vorspiel einer Philosophie der Zukunft*; translated by R.J. Hollingdale (1973) Beyond Good and Evil: Prelude to a Philosophy of the Future, Harmondsworth: Penguin.（『善悪の彼岸』中山元訳、光文社、二〇〇九年）

——(1887) *Zur Genealogie der Moral-Eine Streitschrift*; translated by Walter Kaufmann and R.J. Hollingdale (1967) *The Genealogy of*

Morals: A Polemic, New York: Random House.（『道徳の系譜学』中山元訳、光文社、二〇〇九年）
——（1888）translated by Walter Kaufmann（1967）'The Case of Wagner', in The Birth of Tragedy and The Case of Wagner, New York: Vintage.（「ヴァーグナーの場合」『ニーチェ全集 第三巻』所収　秋山英夫・浅井真男訳、白水社、一九九五年）
Oberlin, Johann Friedrich（1778）translated by Richard Sieburth（2004）'Mr. L ... ', in Büchner（1839）81-127.
Orlean, Susan（1998）*The Orchid Thief*, New York: Random House.（スーザン・オーリアン『蘭に魅せられた男―驚くべき蘭コレクターの世界』羽田詩津子訳、早川書房、二〇〇三年）
Pascha, Khaled Saleh（2004）, *Gefrorene Musik': Das Verhältnis von Architektur und Musik in der ästhetischen Theorie*, Berlin: unpublished PhD thesis.
Parr, Adrian（2005）*The Deleuze Dictionary*, edited by Adrian Parr, Edinburgh: Edinburgh University Press
Protevi, John（2001）*Polticial Physics: Deleuze, Derrida and the Body Politic*, London: Athlone
Proust, Marcel（1913-27）*A Ia recherche de temps perdu*, Paris, Grasset; translated by S. Moncrief, A. Mayor and T Kilmartin, revised by D.J. Enright（1992）*In Search of Lost Time*, 6 vols, London: Chatto & Windus.（マルセル・プルースト『失われた時を求めて』全6巻、市原豊太・井上究一郎・中村真一郎、新潮社、一九七四年）
Rajchman, John（1998）*Constructions*, Cambridge, MA: MIT Press.
——（2000）*The Deleuze Connections*, Cambridge, MA: MIT Press.
Reiser, Jesse and Umemoto, Nanako（2006）*Atlas of Novel Tectonics*, Princeton, NJ: Princeton University Press.（ジェシー・ライザー＋梅本奈々子『アトラス―新しい建築の見取り図』隈研吾監訳・橋本憲一郎訳、彰国社、二〇〇八年）
Riesman, David（1950）*The Lonely Crowd*（revised edition 1961）New Haven, CT: Yale University Press.（デイヴィッド・リースマン『孤独な群集』加藤秀俊訳、みすず書房、一九六四年）
Rosa, Alberto Asor, Chatelet, François, Dadoun, Roger, Delacampagne, Christian, *et al.*（1978）*En marge. L'Occident et ses 'autres'*, Paris: Aubier Montaigne

Ruskin, John (1862) 'Ad Valorem', in *Unto This Last Four Essays on the First Principles of Political Economy*, London; collected in (1985) *Unto This Last and Other Writings*, edited by Clive Wilmer, Harmondsworth: Penguin. (ジョン・ラスキン『この最後の者にも ごまとゆり』飯塚一郎・木村正身訳、中公クラシックス、二〇〇八年)

Rykwert, Joseph (1996) *The Dancing Column*, Cambridge, MA: MIT Press.

Sasso, Robert and Villani, Arnaud (2003) *Le vocabulaire de Gilles Deleuze*, Paris Centre de Recherches d'Histoire des Idées.

Schrader, Paul (1972) *Transcendental Style in Film: Ozu, Bresson, Dreyer*, Berkeley, CA: University of California Press.

Schreber, Daniel Paul (1903) *Denkwürdigkeiten eines Nervenkranken*, Leipzig; translated by I. Macalpine and T.A. Hunter (1955) *Memoirs of my Nervous Illness*, London. (D・P・シュレーバー『シュレーバー回想録—ある神経病者の手記』尾川浩・金関猛訳、平凡社、二〇〇二年)

Richard Sieburth (2004) 'Translator's Afterword', in Büchner (1839) 165–197.

Simondon, Gilbert (1958) *Du mode d'existence des objets techniques*, Paris: Aubier.

——(1964) *L'Individu et sa genèse physico-biologique*, Paris: Presses Universitaires de France.

Smith, Adam (1776) *An Inquiry into the Nature and Causes of the Wealth of Nations*, Edinburgh. (アダム・スミス『国富論』)

Spinoza, Baruch (1677a) *Tractatus Theologico-Politicus*, Amsterdam; translated by Edwin Curley (1985) 'Theological-Political Treatise', in *The Collected Works of Spinoza*, vol. 1, Princeton, NJ: Princeton University Press. (バルーフ・スピノザ『神学・政治論』)

——(1677b) *Ethica ordine geometrico demonstrata*, Amsterdam; translated by Samuel Shirley (1992) *Ethics; Treatise on the Emendation of the Intellect; Selected Letters*, Indianapolis, IN: Hackett. (『エティカ』工藤喜作・斎藤博訳、中央公論新社、二〇〇七年)

Thorpe, W.H. (1956) *Learning and Instinct in Animals*, London: Methuen.

Uexküll, Jakob von (1934) *Streifzüge durch die Umwellen von Tieren und Menschen* (『動物と人間の環世界への散歩』), Hamburg: Rowohlt; translated by Philippe Muller (1965) *Mondes animaux et monde humain*, and *Théorie de la signification*, Paris: Gonthier. (ヤーコプ・フォン・ユクスキュル+ゲオルク・クリサート『生物から見た世界』日高敏隆・羽田節子訳、岩波書店、二〇〇五

年）（ヤーコプ・フォン・ユクスキュル＋ゲオルク・リクサート『生物から見た世界』日高敏隆・野田保之訳、思索社、一九七三年）

Winckelmann, Johann Joachim（1755）*Gedanken über die Nachahmung der greichischen Werke in der Mahlerey und Bildauer-Kunst*, Dresden; translated by Henry Fuseli（1765）*Reflections on the Painting and Sculpture of the Greeks with Instructions and an Essay on Grace in Works of Art*, London.（ヨハン・ヨアヒム・ヴィンケルマン『ギリシア美術模倣論』澤柳大五郎訳、座右宝刊行会、一九七六年）

Wood, David（2004）'Territoriality and Identity at RAF Menwith Hill' in *Architectures: Modernism and After*, edited by Andrew Balllantyne, 142-62, Oxford: Blackwell.

Woolf, Virginia, *The Diary of Virginia Woolf*, edited by Anne Olivier Bell assisted by Andrew McNeillie, 6 vols（London: The Hogarth Press, 1980）vol. 3: 1925-1930.（ヴァージニア・ウルフ『ある作家の日記』神谷美恵子訳、みすず書房、一九九九年）

Zourabichvili, François（2004）*Le vocabulaire de Deleuze*, Paris: Ellipses

訳者あとがき

本書の著者であるアンドリュー・バランタイン（Andrew Ballantyne）は、ニューカッスル大学のアーキテクチャー・プランニング&ランドスケープスクール教授である。彼はリチャード・ペイン・ナイト（Richard Payne Knight）とその風景理論に関する研究で学位を取得した。これまで彼は数多くの論考を著しており、本書で示されたドゥルーズ＝ガタリに関わる建築論のみならず、ラスキン研究や都市論、建築史など、領域は幅広い。日本ではすでに〈一冊でわかる〉シリーズとして『建築』（西川健誠訳他、岩波書店、二〇〇五年）という表題の書籍が刊行されている。

一連の研究における彼の思想は、建築を硬直したものとして捉えるのではなく、動的で潜在的な、その形のない《フォームレス》様態に着目する姿勢に見出されるだろう。扱われる資料や事例は、建築学の専門分野のみならず、哲学や芸術、文学といった、人の生活を具体的に記述するあらゆる分野が参照される。そうした彼の方法的態度は、本書の内容と共通するものであり、ここでは特にドゥルーズ＝ガタリの思想を介することで、彼のいわば事象的な建築論ともいうべき論考の基礎を示すものである。

本書を一読すると、ともすれば読者はこれが建築について書かれたものではないように感じるかもしれない。多くの記述はいわゆる建築にまつわる一般的な議論からかけ離れており、哲学や文学、映画などの解釈が繰り返し論じられているからだ。読者はいくつもの建築事例が示され、それらがドゥルーズ＝ガタリ的観点から分析されるようなものを、本書に期待していたかもしれない。しかしそれは一方では正しいが、他方では不正確な認識だろう。

本書が〈Thinkers for Architects〉というシリーズにおいて刊行されていることからも、これは建築家に向けた著作であり、建築家が自らの職能を問い直し、本業である建築制作について自問するべく著されたものだ。建築において制作物とは何か、制作者とは誰か、制作することとはいかなるものか、そうした建築家が本来問い続けてゆくべき根本を、本書は具体的に説いている。具体的であるということは、何も常識的であるということや、容易に理解できることと同義ではない。

本書の冒頭では、ドゥルーズとガタリの人物紹介を通じて、アイデンティティを規定することの不確かさが論じられている。それはものごとを同定することの難しさを語るものだが、一方でわれわれの常識的理解、特に建築や建築家に対する通念を、足元から問い直す本書の導入になっている。そこでは「もし建物の在りようが形体によって先に定義されてしまうのであれば、デザイナーなど必要とはしないのだ」と述べられる。これは建築の制作に対する無自覚な一般的理解について、再考を強いる発言であると同時に、読者である建築家の生き方を問い直す、著者の本音だろう。ある意味でこの言説は本書を通底する反省的態度でもある。

著者によれば建築家は、「環境《ミリュー》」に身を投じ「多様性に開かれた」とき、状況に「内在」する形体を導き出すことができるという。そのときの建築はすでに無銘なる形体をもつであろうし、建築家もまた近代人が夢見たような、合理的で道徳的な自律的主体などではないだろう。

しかし著者は、本書において常に常識への配慮を忘れていない。それはヒュームの生き方であり、ドゥルーズ＝ガタリの哲学的態度であったと同時に、読者である建築家に対する著者からの忠言だ。さまざまな局面で社会的な信用を要する建築家にとって、やみくもに常識を否定することは意味をなさない。いかに常識の只中を真摯に生きて、自らその常識を相対化し得るかが問われるものだ。

著者が言うように、「創造的な誤読というものはまったく正当なやり方」だ。それは「ドゥルーズ＝ガタリ＝バランタインの世界」であった本書においても同様である。読者が本書から得るべきものとは、著者が「この本に込めた思いとは異なるもの」だから、これ以上解説じみたことを、訳者の立場であれこれ述べるべきではない。著者が再三戒めたように、本書を通じて読者自身が得たものこそが正答なのだ。

本書の翻訳に際して、ご担当いただいた丸善出版株式会社の小根山仁志氏には、さまざまなご助言を頂戴するとともに、多くの相談に乗っていただいた。まずその筆頭に深くお礼を申し上げたい。小根山氏と社内関係諸氏によるご理解なしには、本訳書が刊行されることはなかっただろう。そして作家の木村洋平氏には訳書に対して的確なご教示をいただき、厚く感謝を申し上げたい。また助手の平野麻衣子氏には、翻訳に際して大学内の業務における多大なサポートをいただいた。この場を借りてお礼を述べたい。さらに本企画の初めにお声をかけていただいた、大阪工業大学の朽木順綱氏に謝意を表したい。

最後になるが、訳者夫婦が昼夜を問わず翻訳の作業にかまけている間、その最も身近な被害を受けた関係者として、長男である田中維に感謝するとともに、親としてその明るく睦まじい未来を心から願いたい。

田中 明

田中睦月

二〇一九年八月

や行

ら行

わ行

な行

は行

ま行

さ行

た行

索 引

【訳　者】

田中　明（たなか　あきら）

○略歴

1976年　金沢市生まれ

1999年　芝浦工業大学建築工学科卒業

2001年　芝浦工業大学大学院修士課程修了

2008年　京都大学大学院博士後期課程修了、博士（工学）

2010年　武庫川女子大学講師および准教授（～現在）

○著書

『日本風景史――ヴィジョンをめぐる技法』（共著、昭和堂、2015年）

『建築制作論の研究』（共著、中央公論美術出版、2016年）

田中睦月（たなか　むつき）

○略歴

1978年　ダラス市生まれ

2000年　芝浦工業大学建築学科卒業

2002年　明治大学大学院博士前期課程修了

2015年　文杏社建築設計事務所（～現在）

○建築作品

TST本社屋

那須のヴィラ（以上田中明他と共同）

【翻訳協力】

木村洋平（きむら　ようへい）

作家、編集者

思想家と建築　ドゥルーズ＆ガタリ

令和元年11月25日　発　行

訳　者　田　中　　　明
　　　　田　中　睦　月

発行者　池　田　和　博

発行所　丸善出版株式会社
〒101-0051　東京都千代田区神田神保町二丁目17番
編　集：電話(03)3512-3264／FAX(03)3512-3272
営　業：電話(03)3512-3256／FAX(03)3512-3270
https://www.maruzen-publishing.co.jp

組版印刷・中央印刷株式会社／製本・株式会社 星共社

ISBN 978-4-621-30452-5　C 3352　Printed in Japan